榎原雅治
Masaharu Ebara

室町幕府と地方の社会

シリーズ日本中世史③

岩波新書
1581

はじめに

本書で主に取り上げるのは、鎌倉幕府崩壊から十五世紀末の明応《めいおう》の政変と呼ばれる事件までである。この時期をどう呼ぶべきか。「室町時代」とは足利氏を首班とする幕府があった時代という意味をもっているので、尊氏《たかうじ》による幕府開設から織田信長《のぶなが》による義昭《よしあき》追放までの期間の全体を指す場合もあるが、この期間のうち、南朝政権の存在した始めの六十年を「南北朝時代」、各地で大名の自立的な動きが顕著となって、幕府による全国統治が実質的に機能しなくなった終わりの百年近い時期を「戦国時代」と呼び、中間の百年間を「室町時代」と呼ぶ場合もある。三つの時代の様相はかなり異なるので、研究者は後者の呼び方をすることが多い。ここでもこの用法に従い、本書で扱う時代のことは「南北朝・室町時代」と呼んでおく。

さて南北朝・室町時代というと、日本の歴史の中でも地味というか、あまり強い印象のない時代かもしれない。何かが築き上げられていくというよりも、戦国の世に向かっていろいろなものが崩壊していく時代というイメージをもつ読者も少なくないだろう。大河ドラマで取り上げられることがめったにないのも、それと関係があるのだろう。鎌倉幕府を倒してみたものの、後醍醐《ごだいご》天皇の政権はごく短期間で崩壊し、足利尊氏を首班とする幕府ができたかと思うと、これも内紛で落ち着かない。三代めの将軍義満《よしみつ》は強大な権力を手に入れたといわれているが、それもまた子孫たちによって磨き上げられていくようには見えず、強権的だとか無能だとかいわれる将軍が相次ぐ。社会では借金棒引きを求める土一揆《つちいっき》が頻発し、挙げ句は応仁《おうにん》の乱で京都を焼き尽くして戦国の世に突入していく……。これではドラマに仕立てるのは難しいだろう。

加えて、戦前の皇国史観の中で、足利氏は天皇に対する反逆者というレッテルを貼られ、室町時代は悪しき時代とされたために、この時代の人物の中からは、南朝への「忠臣」を除き、現代の日本人のだれもが知っているようなヒーローが生み出されなかった。歴代の将軍たちももっぱらその奇矯な行動に関心が集まってきた。

その一方で、この時代が、能や狂言、茶道、花道、和風の住宅建築などのいわゆる「日本の伝統文化」を生み出した時代であることもよく知られている。水墨画や禅寺の庭園には現存するものも多く、肯定的な評価でもって語られることが多い。文化、芸術にかかわっては著名な人物も存在する。京都の年中行事を代表する祇園祭《ぎおんまつり》が始まったのもこの時代である。このように不安定感の漂う政治、社会状況と文化的創造力の同居する南北朝・室町時代とはどのような時代だったのだろうか。

実は学界ではここ二十年ほど、南北朝・室町時代の研究は活況を呈している。公家や僧侶たちの日記が次々と解読されて刊行されたことや、県史、市町村史でそれぞれの地域に関する古文書がまとめて紹介されたことが大きいが、そうした研究環境の整備によって、将軍と天皇の関係、幕府内部の意思決定のシステム、権力者と宗教の関係などが詳細に知られるようになっている。アジア各地との交渉に関する研究は劇的に進んだし、各地域の武士たちの動向についても、一昔前とは比較にならないほど詳しく知られるようになっている。

本書のタイトルに掲げた地方社会に関する研究状況も大きく変貌している。この三十年ほどの間に、地方社会研究の分野では、景観復元的な手法による研究や考古学と連携した研究が進展した。港町、地方武士の城館などの発掘調査からは、文献史料ではうかがえなかった地方都市や活発な交易の姿が浮かび上がってきた。

かつて荘園と呼ばれていた地方農村では、現在も残る小地名や石造遺物、あるいは高度成長期以前までは残っていた耕地や用水の利用慣行が地道に調査され、開発の進展過程が知られるようになってきた。そこからは、中世成立期から始まった大規模開墾が鎌倉後期にはだいたい落ち着いて人々の定住性が高まり、南北朝・室町時代には近世、近代にまで続く集落が誕生していたことが明らかになってきている。山裾や海沿いの小さな平地にうずくまる集落。その中で目を引く鎮守の森や、そこで繰り広げられる秋祭りの喧騒。そんな日本中のどこにでも見られるような風景が誕生したのもこの時代だったのである。

また民衆の日常に対する関心も高まり、ひところは民衆の自治意識の高まりとして語られることの多かった土一揆についても、飢饉や戦乱の中での民衆の行動との関連性が注目されるようになっている。通史を書くという枠の中ではあるが、こうした近年の研究の動向も伝えられるように心がけたいと思う。

本書を執筆するにあたってもう一つ心がけたいのは、なるべく史料の語るところを紹介したいということである。日本史上、文献史料が増える画期は平安末期、戦国末期、江戸中期、幕末など、いくつかあるが、南北朝時代もその一つである。特に、地方の小さな寺社や民家に文献史料が残され始めるようになるのはこの時代である。

職業柄、地方に史料調査で赴く機会は多いが、訪れた村の鎮守や「旧家」と呼ばれる地域の有力者のお宅で、世代を超えて大切に伝えられてきた古文書を見ると、南北朝時代と現在がつながっていると実感することも少なくない。また公家や僧侶たちの日記には、私には容易に理解できない宮廷儀式や宗教行事に関する記事が溢れているが、時代や社会的なポジションを異にしても変わらぬ人間的な感情の表出した記述に出会うこともまた珍しくない。そうした生の史料の声もなるべく紹介するよう努めたいと思う。口語に近い文体に改めたので、お付き合いいただければ幸いである。

目次

第一章　建武政権と南北朝の内乱

1　鎌倉幕府の滅亡と建武新政

都からの便り

元徳《げんとく》三年(一三三一)五月、後醍醐《ごだいご》天皇による討幕計画が発覚した。二度のモンゴル襲来後も続く対外的緊張、各地で続発する所領紛争、それらの解決のために強権化をはかる得宗《とくそう》(北条氏の惣領)と御家人たちの対立。鎌倉時代末期、数々の難問で社会不安の高まるなか、天皇家では皇位継承をめぐって、大覚寺統《だいかくじとう》と持明院統《じみょういんとう》の二つの皇統が争っていた。幕府の意向を得なければ、次の天皇を決めることもできないという状況の解消をめざし、後醍醐は鎌倉幕府を倒す意思を固めていったのである。

正中《しょうちゅう》元年(一三二四)の失敗を経て再度計画された討幕であったが、再び幕府の知るところとなり、後醍醐は京都を離れて山城南部の笠置山《かさぎやま》に籠城する。しかし、幕府軍の攻撃によって間もなく落城、捕縛された後醍醐は、元弘二年(一三三二)三月、隠岐《おき》に配流となった。その皇子尊良《たかよし》親王たちも四国に流され、側近の廷臣たちの中には捕縛、処刑される者もあった。幕府は持明院統の光厳《こうごん》天皇を立てたが、それで事が収まったわけではない。六月になると、後醍醐の皇子護良《もりよし》親王が紀伊半島南部で兵を募り始め、十一月にはこれに呼応した楠木正成《まさしげ》が河内千《ち》早城《はやじょう》に挙兵し、幕府軍との戦いを始める。

この年の十二月、京都に住むある僧から東国に一通の書状が届けられた。そこには次のようなことが記されている。

尊良親王が配流されたことは御存知のことでしょう。その配流に付き従った人々が捕えられ、今月十三日、京都の六条河原で公開処刑されました。見知った人もあり、目も当てられませんでした。どうしてこんなことを目にしなければならないかと思いました。今月九日より京都は騒がしく、芥川《あくたがわ》(大阪府高槻市、山陽道の宿)には朝敵(後醍醐方)の兵が充満し、都に攻め入ってきたので幕府側が応戦しています。昨日は多くの打ち落とされた首が都にもたらされました。敵は大塔宮《おおとうのみや》(護良)の軍です。都ではあちこちで人々が捕縛されています。(藻原寺《そうげんじ》所蔵「金綱集」紙背文書より抜粋)

間近まで敵が迫って騒然とした京都の状況を目の当たりにした者にしか書けない情報である。この書状を書いたのは日静《にちじょう》という日蓮宗の僧である。親王配流の随行者までもが処刑されるという事態に、日静は幕府側の焦りを見て取り、先の長くないことを予感したのではあるまいか。

年が改まった元弘三年（一三三三）閏《うるう》二月、後醍醐は隠岐を脱出すると、名和長年《なわながとし》に迎えられて伯耆国《ほうき》船上山《せんじょうさん》に入った。そのもとには山陰の武士たちが続々と集まり、守護佐々木清高《きよたか》は伯耆を海路で脱出した。そんな状況下、幕府は討幕派攻撃のために関東の足利高氏《たかうじ》（のちの尊氏）に上洛を命じた。上洛を要請された高氏に後醍醐方への寝返りを勧める者がいた。上杉憲房《のりふさ》。高氏の母清子《きよこ》の兄である。実は先程の書状を書いた日静はこの憲房、清子の兄弟である。この書状自体は日蓮宗の本山の身延山《みのぶさん》に宛てられたものと思われるが、同様の情報は憲房にも届けられていただろう。幕府の苛烈に対する京都の人々の忌避感や、討幕勢力の強勢の情報から、憲房もまた幕府の滅亡の近いことを確信したに違いない。

鎌倉幕府の滅亡

しかし高氏は鎌倉を出発する。京都が近づいた四月下旬、憲房の子重能《しげよし》は再度寝返りを勧めた。高氏はいったん京都に入り、六波羅探題《ろくはらたんだい》より伯耆への出陣を拝命するものの、四月末、丹波国《たんばこく》篠村《しのむら》（京都府亀岡市）で歩を止めた。上杉のキャッチした情報、数日前に自分自身で目にした京都の状況。それらを踏まえ、高氏は討幕を決断したのである。

これよりのち鎌倉幕府滅亡に至るまでの過程はあっけないほどに早い。五月七日より始まった高氏の攻撃によって六波羅探題北条仲時《なかとき》は光厳天皇を奉じて京都を脱出したが、九日、近江番場宿《ばんばのしゅく》（滋賀県米原市《まいばら》）に至り、数百人の一族郎党とともに自害して果てた。当時の情報伝達の速度からすれば、この情報は遅くとも五日間のうちには関東に伝わったはずである。五月中旬、新田義貞《よしさだ》は上野《こうずけ》を発って鎌倉に向かう。十五日には関戸河原(東京都多摩市)の守りを破って多摩川を渡り、二十二日、鎌倉を総攻撃する。北条氏得宗の高時《たかとき》もまた数百人の郎党とともに自害した。

一方、九州である。鎌倉幕末、京都から博多までの情報伝達に要する日数は七日程度である。五月十五日ごろには六波羅探題滅亡の情報は九州にも伝わったものと思われる。それから十日ほどしか経たない五月二十五日、少弐《しょうに》氏、大友氏ら北九州の武士はもとより、五島や薩摩の武士たちもが大宰府《だざいふ》に集結し、鎮西探題《ちんぜいたんだい》への攻撃が行われた。これにより探題北条英時《ひでとき》以下二百数十名が自害した。高氏の決断からわずか一月足らずで、鎌倉幕府は完全に滅亡したのである。

建武政権の成立

鎌倉幕府の滅亡を受け、後醍醐は伯耆で直ちに光厳天皇の廃立を宣言し、元弘三年六月五日、京都に戻ると執政を再開した(図1-1)。建武《けんむ》政権の始まりである。

建武政権は古来、復古的、革新的、独裁的、異形などさまざまな形容で語られてきた。ある角度から見れば、それらはそれぞれに当たっている。平安中期の「延喜《えんぎ》・天暦《てんりゃく》」の天皇親政に戻ることを標榜しつつ、中国皇帝の専制的な権力に統治の範を求め、宋の官僚選抜よろしく公武の身分秩序を著しく逸脱した人材の抜擢を行う、自らの皇子と側近の公家を関東や奥州に送り込んで遠隔地統治を構想するなど、前近代の日本史上でも相当に個性的な政権であることはまちがいない。

しかし近年の研究では、この政権は決して突然変異的に登場したわけではなく、鎌倉後期からの政治史の延長上に現れてきたものであることが明らかになっている。鎌倉後期には幕府・朝廷の双方において、各地で多発する所領紛争を解決すべく、あるべき秩序＝過去に戻れという政治改革が行われていた。当時これは「徳政」と呼ばれた。徳政というと債務取り消しと思われやすいが、ゆがんだ現状を正し、あるべき古《いにしえ》の秩序に戻せという思想が徳政である。所領を元の持ち主に戻すという施策もその一環に他ならない。復古の思想は鎌倉後期の社会にまちがいなく存在していた。

そうした状況下、皇統が二つに分裂し、持明院統が鎌倉幕府への依存の傾向をもったのに対し、大覚寺統は王権を強化することによって幕府から自立することを志向した。後醍醐の父後《ご》宇多《うだ》上皇は朝廷訴訟における親裁を進め、王権の強化をはかっていた。後醍醐が関白をも排し

図1-1　後醍醐天皇

て親政を断行したのはその延長上にある。さらにいえば、得宗の強力な主導によって徳政を推進することで事態を解決しようとしていた北条氏権力のあり方とも通じるものがあった。

尊氏の立場

鎌倉幕府を倒した現実的な力が各地の武士たちであったことはまちがいない。彼らは新政権に従うことによって自分の所領に対する権利が保証されること、あるいは拡張されることを期待したのである。彼らは期待を果たすために、所領の安堵《あんど》、給付を求める訴えを新政権に集中させる。新政権も雑訴決断所《ざっそけつだんしょ》を設けて膨大な訴訟に対応しようとした。雑訴決断所には、公卿、朝廷の実務官僚、元鎌倉幕府の奉行人のほか、尊氏（後醍醐の諱尊治の一字を与えられて高氏から改名）の家臣らも加わっていた。尊氏も新政権からまったく排除されていたというわけではない。

しかし、ここに大きな問題が浮上する。戦いでの恩賞として所領を授与されるためには軍功を認定されることが必要であるが、多くの武士たちは軍功の認定を求めて尊氏のもとに殺到していた。軍功の認定自体は合戦の統率者が行うものであって公権力の専管事項ではないが、この事態は、武士たちがだれを至上の軍事統率者と意識していたかを如実に示すものだった。これは新政権にとっての大きな脅威となっていく。とりわけ最初の討幕計画以来父天皇に協力し、新政権樹立の功労者を自認する護良親王と、鎌倉攻めの統率者であった新田義貞は、尊氏の動きに神経を尖らせていくようになる。

二条河原の落書

「二条河原の落書《らくしょ》」は建武政権下での京都の社会状況を諷刺したものとしてよく知られている。地方の武士が一転、朝廷の官職を得て公家装束に身を包む様子に対する皮肉は、この落書が伝統的な公家社会に属する人物によって書かれたものであることを暗示している。しばしば指摘されてきたように、この落書からは新政権への批判の要素を拾い取ることができる。いくつか取り上げてみよう。

此比《このごろ》都ニハヤル物、夜討《ようち》・強盗《ごうとう》・謀綸旨《にせりんじ》

夜討と強盗は治安の悪化を示しているが、謀綸旨とは何をいっているのだろうか。綸旨とは天皇の意思を名宛人に伝えるための文書様式の一つである。天皇の意思を伝える文書様式としては詔《しょう》、勅《ちょく》、太政官符《だいじょうかんぷ》、宣旨《せんじ》などがあるが、これらを作成するためには何人もの公卿、官人の手を経なければならず、容易に発せられるものではない。その点、綸旨の発給手続きはきわめてシンプルで、蔵人《くろうど》が天皇の意を記して名宛人に直接伝えるものである。

後醍醐はこの綸旨を多用かつ重用した。建武政権は内乱状況の中で成立した軍事政権であり、軍事動員や恩賞認定のように速効性が必要な事項を扱うことが多かった。そうした事項に対応するためには、このシンプルな様式が適合的だったと考えられている。後醍醐の判断には一理ある。しかし様式も発給手続きもシンプルであれば偽造もしやすい。重用されたわりには信頼性が低い。落書では「謀綸旨」などといって揶揄《やゆ》の対象となってしまったのである。

本領《ほんりょう》ハナルル訴訟人、文書《もんじょ》入タル細葛《ほそつづら》

これは訴訟の多発をいっているが、後醍醐政権の所領安堵の政策には混乱を招く要素があった。後醍醐は、隠岐から京都に帰った直後の元弘三年六月、宣旨を発して、元弘の乱の過程で新たに獲得した所領は、原則的には元の持ち主に戻すべきことを定めている。ところが、翌月には北条氏に与《くみ》した者の所領以外は、現時点で実効支配している者の権利を認める、という原則を打ち出している。旧領回復から現状追認(当知行安堵)へという原則の変更である。しかも、いずれの場合にも綸旨を得ていれば原則からはずれた特例を認めるという留保がつけられた。こうしたややこしい方針によって所領紛争が多発し、訴訟人が京都に殺到する現象が生み出されたのである。

猥雑と活力

落書はさらに続ける。

器用堪否沙汰《きようかんぴさた》モナク、モルル人ナキ決断所

能力をろくに吟味することもなく職員を採用して、膨れ上がってしまった雑訴決断所のスタッフを揶揄したものである。膨大な訴訟に対応しきれない決断所への不満もあったであろう。

サセル忠功ナケレトモ、過分ノ昇進スルモアリ

朝廷からの官位授与も恩賞の一つであるが、万人の納得しないような論功行賞もあったであろう。これらの点に政権への不満を読み取ることは不可能ではない。

しかし、この落書でより強く印象づけられるのは、関東から持ち込まれた異文化と、都の人々がそれを受け入れていくところから発せられる怒濤のようなエネルギーである。地方から持ち込まれた見慣れぬ食材、崩れた服装で闊歩する都の武士、夕暮れに響く男女の嬌声。公家の風儀をまねる関東武士もあれば、習ったこともない鷹飼いや笠懸《かさがけ》に興じる都の人々もいる。京都流、鎌倉流の法式を取り混ぜた法式無視の「エセ連歌」や鎌倉風の闘茶《とうちゃ》の流行。そんな世相に落書の作者は顔をしかめてみせるが、内心楽しんでいるようでもある。ましてや描かれている人々にとっては批判などどこ吹く風だったことだろう。

鎌倉時代を通じて比重を変えつつも、東の武家政権と西の公家政権という形で保たれてきたバランスは崩れ、後醍醐政権のもとで、公家と武家の一体となった政権が誕生し、文化・風俗もまた公家と武家、西と東の混淆が急速に進行していったのである。それは来たるべき室町時代の世相の予兆ともいえるものだった。

相次ぐ反旗

元弘四年(一三三四)正月、建武の新年号が建てられたが、こののちも政情は落ち着かなかった。建武元年正月には北九州で、三月には関東で北条氏の再興を図った挙兵があった。いずれもほどなく鎮圧されたが、六月には後醍醐の足元に動揺が走る。討幕の功労者である護良親王が尊氏邸に押し寄せるという風聞が立ったのである。護良と尊氏の不和はすでに前年に表面化しており、怒った尊氏は護良の捕縛を後醍醐に訴えた。後醍醐自身も、隠岐配流中に護良が所領安堵の令旨を勝手に発布していたことに不満をもっていた。さらに東宮選定をめぐる後醍醐の寵妃阿野廉子《あのれんし》と護良の思惑の対立もあって、後醍醐は尊氏の訴えを受け入れた。十月二十二日夜、護良は参内の途中で武者所《むしゃどころ》に捕えられ、翌月には鎌倉に送られた。

建武二年(一三三五)六月になると、大納言西園寺《さいおんじ》公宗《きんむね》が後醍醐を自邸に招いて暗殺を企てたとの嫌疑で逮捕された。西園寺家は鎌倉時代には関東申次《かんとうもうしつぎ》として朝廷と幕府の連絡役を勤めていたため鎌倉には知己も多く、一門自害の難を逃れて上洛した北条高時の弟泰家《やすいえ》を西園寺家に匿《かくま》っていた。公宗はこの泰家とともに天皇暗殺を図ったとの嫌疑だった。

翌七月、高時の子時行《ときゆき》が挙兵する。時行は、鎌倉幕府滅亡後、北条家の有力な被官だった信濃《しなの》の諏訪《すわ》氏のもとに身を寄せていたが、その挙兵には五万騎もの兵が従ったという(中先代《なかせんだい》の乱)。鎌倉にいた尊氏の弟直義《ただよし》は、後醍醐の皇子で鎌倉に派遣されていた成良《なりよし》親王と千寿王丸《せんじゅおうまる》(尊氏の子、のちの義詮《よしあきら》)をつれて鎌倉を脱出し、三河《みかわ》まで退去する。三河は鎌倉時代以来、足利氏が守護をつとめ、臣従する武士が多かったのである。なお、鎌倉脱出の際、幽閉中だった護良は、時行方の手に落ちることを恐れた直義によって殺害されている。

時行の挙兵の報を受け、京都では捕縛されていた西園寺公宗が殺害された。尊氏は「征夷将軍」として関東に向かうことを後醍醐に願い出るが、自分の息子たちを将軍として各地に派遣する体制を敷いていた後醍醐とすれば許すわけにはいかない。結局、八月二日、尊氏は勅許のないまま京都を出発した。七日、三河の矢作《やはぎ》で直義と合流、連日のごとき戦いを経て、十九日には鎌倉を攻め落とし、時行らを敗走させた。

尊氏の関東下向を許さなかった後醍醐だが、さすがに勅使を鎌倉に派して尊氏に「征東将軍」の名を与え、早々の帰京を促した。尊氏は、この時点では新たな幕府を開く意志をまだもっておらず、後醍醐の召喚命令に応じるつもりだった。しかし直義が鎌倉で幕府を開くことを強く勧めたため、鎌倉にとどまることとなった。

後醍醐と尊氏の決裂

十一月二日、尊氏は新田義貞誅罰の軍勢催促を開始する。この命令状は諸国の武士たちからは「関東御教書《かんとうみぎょうしょ》」と呼ばれた。関東御教書とは鎌倉幕府の命令状に対する呼名である。尊氏の活動は幕府の再興であると受け止められたのである。さらに尊氏は、義貞が後醍醐から国司に任ぜられていた上野を上杉憲房に与えたのをはじめ、時行に味方した武士たちの所領を、今回の鎌倉攻めに功のあった武士たちに恩賞として宛行《あてが》ったのである。

ここに至り、尊氏に対する不信を募らせた後醍醐は、十一月八日、新田義貞に尊氏追討の宣旨を与えた。京都を発した義貞は、当初破竹の勢いで足利方の防御線を打ち破り、十二月初めには伊豆国府(三島市)に達した。『太平記』によれば、尊氏はこのとき出家することを覚悟したが、もはや出家したとて後醍醐の勅勘を免れることはできないという直義や上杉重能の懸命の説得によって、ようやく後醍醐政権との対決の意思を固めたとされる。

十二月十一日、関東への入り口というべき箱根ならびに足柄《あしがら》の峠道で、足利と新田の両軍は対決する。箱根・竹之下《たけのした》の戦いとして知られるこの戦いが、その後の流れをつくる。竹之下で劣勢に陥った新田軍は総崩れとなり、京都に敗走した。勢いづいた足利軍は一気に京都近くまで追撃する。各地でも足利氏に呼応した動きが始まり、翌三年正月初め、後醍醐は比叡山に逃れ、尊氏が京都に入った。

しかし、まもなく後醍醐から奥羽の支配を任されていた北畠顕家《あきいえ》の軍が、足利軍が畿内に移動した隙をつき、猛烈な勢いで関東、東海を通過し京都に迫った。正月下旬、比叡山の僧兵や楠木正成らも加わった攻撃を前に、尊氏は京都を脱出して摂津に逃れ、後醍醐側が京都を回復した。

二月末、尊氏はいったん九州へ退却することを決め、海路九州に到着した。このとき足利軍はわずかに五百人だったともされるが、まもなく大宰府の少弐氏や豊後《ぶんご》の大友氏らを従えて体制を立て直し、四月末には再上洛を開始した。五月二十五日には摂津の兵庫に上陸、湊川《みなとがわ》で義貞・正成と戦い、正成を敗死させた。後醍醐は狼狽のうちに再度比叡山に逃れることになる。

建武政権の崩壊

いったん九州に敗走した尊氏が、きわめて短時日のうちに態勢を立て直すことができたのはなぜだろうか。その理由はいくつかある。第一に、京都を退いた直後の二月七日ごろ、尊氏は、鎌倉幕府滅亡後、建武政権によって没収された武士の所領を回復させる方針を打ち出している(「元弘以来没収地返付令」)。建武政権下で所領を得た者もいれば、一方には当然失った者もいた。そうした者にとっては、この方針はあるべき秩序の回復令と受け止められただろう。第二は、九州からの上洛途上、備後《びんご》の鞆《とも》において、光厳上皇より義貞追討の院宣を得ていたことである。これはのちに播磨《はりま》守護となる赤松円心《えんしん》の発案によるものとされるが、これによって、尊氏に属する武士たちは朝敵になるという心理的障壁を取り除くことができたのである。

六月三日、京都の入り口に位置する石清水《いわしみず》八幡宮に陣取った尊氏は、光厳とその弟豊仁《とよひと》親王を迎えた。即日、光厳は、義貞追討の院宣を尊氏に届けた真言僧の賢俊《けんしゅん》を醍醐寺座主《ざす》に任じている。醍醐寺座主の任命は治天の君の権限である。したがってこの日をもって光厳は後醍醐の治世を否定して院政を開始したといえよう。十四日、尊氏は光厳と豊仁を奉じて京都に入り、八月、豊仁は践祚《せんそ》した（光明《こうみょう》天皇）。この前後より、尊氏は「元弘以来没収地」を大寺社に返付したり、諸国の守護の任命を始めたりするなど、新しい幕府としての実質的な活動を開始している（図1-2）。

図 1-2　足利尊氏木像

その後もしばらくは尊氏と比叡山に籠城する後醍醐・義貞らとの戦いが続き、その戦いの中で名和長年、千種《ちくさ》忠顕《ただあき》ら後醍醐の側近が戦死する。十月、力尽きた形の後醍醐は京都にもどる。義貞は尊良親王を奉じて北陸回りに関東をめざすが、建武四年、越前敦賀《つるが》の金崎城《かねがさきじょう》で敗北し、尊良は自害する。ついで翌五年・延元《えんげん》三年閏七月、越前守護斯波《しば》高経《たかつね》との戦いのなか、自身が藤島（福井市）で戦死を遂げたのである。後醍醐の軍事的劣勢はもはや覆すべくもなかった。
それにもかかわらず内乱はこののち半世紀も続く。一体どういうことかは次節で考えよう。

2 南北朝の内乱

室町幕府の始まりと「建武式目」

建武三年(一三三六)十一月、尊氏は「建武式目《けんむしきもく》」を定める(図1-3)。十七ヶ条から成るこの法は、尊氏の諮問に対して八人の人物が連名で答申するという形式をとっている。幕府を鎌倉に置くべきか他所に移すべきかという前文で始まり、あるべき統治の範を北条義時・泰時という鎌倉幕府の全盛期に求める。そしてそれに倣った善政を行うと宣言していることは、新たな政権が鎌倉幕府を継承する政権であることを強く意識していたことを示している。実際、「建武式目」以後の法令でも、室町幕府初期には「貞永式目《じょうえいしきもく》」を法源とすることがあった。室町幕府は鎌倉幕府の法体系の継承を基本的な前提としていたのである。この式目制定をもって室町幕府の成立とみなすことが多い。

ただし「建武式目」に掲げられた各条目を見ると、当面している課題への対処と、為政者に求められる一般的な徳目とが併存しており、幕府開設の宣言としては体系性を欠いているような印象はぬぐえない。しかしながら当面の対処を促している施策を「二条河原の落書」と比較してみると、この式目が当時最大の政治課題に対応していたものであることがうかがえる。

式目にいう「京中の過半は空地たり」という状況は、落書で「去年火災ノ空地ドモ、クソ福（露天の便所）ニコソナリニケレ」と皮肉られた洛中の荒廃ぶりを物語っているだろう。討ち入り、強盗といった治安不安への対策の進言、没収された屋地の回復などは、落書で指摘されている社会的な不満への対応といえよう。賄賂《わいろ》や進物の禁止などの公正な裁判の奨励も、役人たちが守るべき一般的な徳目という以上に、落書で指摘される「追従《ついしょう》・讒人《ざんにん》」の盛行という社会現象への対応という意味だったとも理解できる。

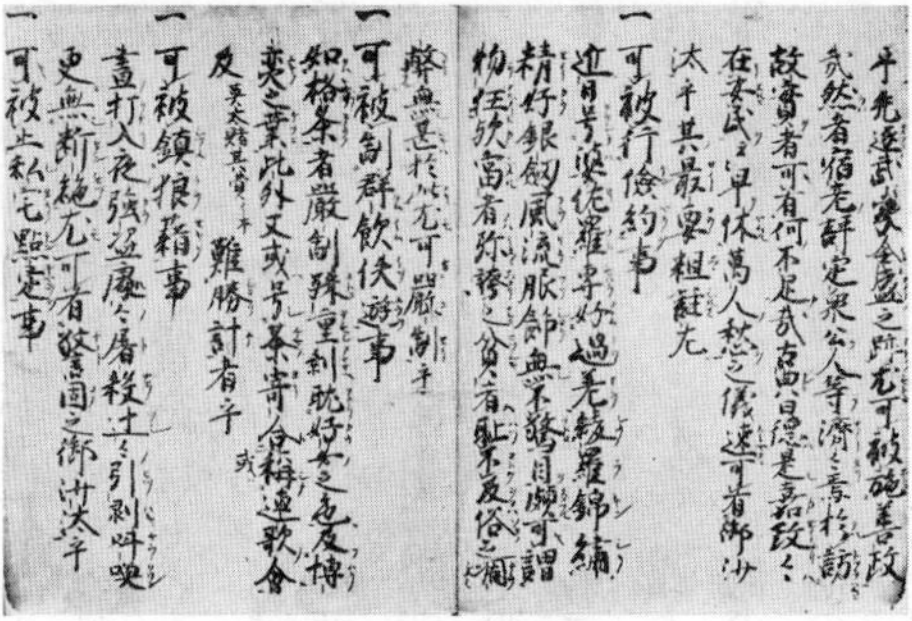
乎先遂武家全盛之跡尤可被施善政
哉然者宿老評定衆公人等済々焉於訪
故実者可有何不足哉古典曰徳是嘉政々
在安民云々早休万人愁之儀速可有御沙
汰乎其最要粗註左
一可被行倹約事
近日号婆佐羅専好過差綾羅錦繍
精好銀剣風流服飾無不驚目頗可謂
物狂歟富者弥誇之貧者恥不及俗之凋
弊無甚於此尤可厳制乎
一可被制群飲佚遊事
如格条者厳制殊重剰耽好女之色及博
奕之業此外又或号茶寄合或称連歌会
及莫大賭其費難勝計者乎
一可被鎮狼藉事
昼打入夜強盗処々屠殺辻々引剥叫喚
更無断絶尤可有警固之御沙汰乎
一可被止私宅點定事

図1-3　建武式目

六波羅探題の滅亡、建武政権の誕生とその崩壊という政治的変動によって荒廃した京都を都市として再生させることこそが、この時点で政権に求められる最大の課題だったのであろう。そうした意味では、やはり「建武式目」は戦時下に誕生した新政権の樹立宣言ということができよう。

「建武式目」に署名した八人の顔ぶれを見てみよう。彼らのうち四人は建武政権下で雑訴決断所の職員を勤めた人物である。このうち答申の中心になったと目される

継続する官僚機構

中原是円《ぜえん》はもともと朝廷に仕える法曹官僚だったと考えられている。また鎌倉幕府の奉行人や鎌倉将軍に仕えた儒学者もいる。なかには明石行連《あかしゆきつら》のように鎌倉幕府の奉行人、雑訴決断所の職員を一貫して勤めていた者もいた。つまり政権が頻々と変われども、法理の解釈や文書作成の実務を担う専門家集団は継続していたのである。

　こうした鎌倉幕府から室町幕府への継続性という特徴は「建武式目」の答申者にとどまるものではない。中央における評定《ひょうじょう》、引付《ひきつけ》、侍所《さむらいどころ》、地方における守護などの諸制度は、新幕府でも引き続き設けられた。また幕府の司法、文書作成を担った奉行人たちの少なからざる部分は鎌倉幕府に仕えた文筆官僚の末裔である。たとえば、室町幕府の代表的な奉行人家として知られる飯尾《いいお》氏は鎌倉幕府初期の文筆官僚三善康信《みよしやすのぶ》の子孫である。同じく奉行人家の松田氏も鎌倉時代には六波羅探題の奉行人だった。そうした実務を担当する人的集団の継続性が、新幕府の円滑な始動を支えたのである。

　こうして足利氏を盟主とする幕府が形を整えていくのと並行して、光厳・光明の朝廷は後醍醐に上皇の尊号を献じ、後醍醐の子成良を太子と定めた。両統迭立《てつりつ》への復帰の姿勢を示したわ

けである。しかし、そもそも両統迭立の否定を意図して鎌倉倒幕を起こした後醍醐としては、到底納得できるものではなかった。十二月、後醍醐は京都を出奔して吉野に移り、ここに南北両朝が並立することになる。

尊氏と直義

足利直義は尊氏の同腹の弟である。兄とともに六波羅攻めに参加したのち、後醍醐政権下では成良親王を奉じて関東の統治を委ねられたが、中先代の乱以後は兄と行動を共にした。尊氏が物事に拘泥《こうでい》しない大雑把な性格、無定見で調子者などといった人物評がなされているのに対し、直義は法と論理を重んじる謹厳な性格として評価されている。性格は対照的な二人であるが、元来は仲のよい兄弟であった。

開創期の室町幕府ではこの兄弟が相並んで政権を主導した。二人の権限については、佐藤進一の著名な学説によって、尊氏は恩賞の給与、軍事指揮といった武士の統率者としての権限（主従制的支配）、直義は裁判、本領の安堵といった統治者としての権限（統治権的支配）を管掌していたと整理されている。この二つの権限は、武士の棟梁《とうりょう》から出発した武家政権が、支配の対象を主従関係にない者にまで広げて統治者へと成長していくにともなって、必然的に備わってきたものであるが、尊氏と直義の二頭政治の出現によって、人格的に分有されることになったのである。複数のトップをいただく政治体制がバランスを取り続けるのが困難であることは古今東西共通であるが、この二人の場合は、尊氏が軍事関係の権限もしだいに直義に任せるようになったので、権限分掌をめぐって二人が対立するようなことはなかった。

兄弟不和の原因

二人の間の溝は家臣との関係から生じた。鎌倉時代以来、足利氏の家宰を勤めたのは高《こう》一族で、尊氏・直義の時代には高師直《こうのもろなお》が家宰を勤めていた。師直の存在感が大きく増したのは、暦応元年・延元三年(一三三八)、奥羽の武士を率いて再度の京都攻略を図った北畠顕家を和泉石津《いずみいしづ》に敗死させたのちであった。ついで貞和《じょうわ》四年・正平《しょうへい》三年(一三四八)には楠木正行《まさつら》を河内《かわち》四条畷《しじょうなわて》で敗死させた。南朝の知将楠木正成の子に勝利したことは、師直とその弟師泰《もろやす》の名声を大いにあげた。この師直と直義の関係の悪化が観応《かんのう》の擾乱《じょうらん》と呼ばれる足利氏の内訌《ないこう》に発展していく。

しばしば直義が東国の伝統的な武士たちに支持されたのに対し、師直は畿内の新興の中小武士たちに支持されたと説明される。確かに直義はその権限の中核たる所領紛争の裁決においては、法と証拠に基づく判断を重んじたので、結果として、権利文書を保有する伝統的な武士たちに有利に導くことは多かった。また「恩賞が少なければ寺社領を奪ってでも広げろ」と言い放ったとされる師直の体質は、直義の倫理観に合うものではなかっただろう。しかし実際には師直派には近江《おうみ》の佐々木氏、美濃《みの》の土岐《とき》氏のような鎌倉期以来の大武士や、今川氏、細川氏のような足利一門もついていた。また桃井直常《もものいただつね》や山名時氏《ときうじ》のように師直派から直義派に乗り換える者もあった。双方についた武士をタイプで単純に分けることはできない。

『太平記』は高・上杉の両家が「権を争い、威を猜《そねみ》て」対立を深め、上杉重能が直義に師直の排除を繰り返し進言したとする。阪田雄一は、上杉氏は尊氏の父貞氏《さだうじ》以来、足利氏の外戚となり、足利氏直臣の中で高一族を凌駕する勢いを得つつあった、しかるに軍功の大きさによって高一族は尊氏の絶対的な信用を獲得し、勢力を回復させてきた、それに対する上杉氏の巻き返しに直義が同調したこと、これが直義と師直の対立の発端であるという説を出している。尊氏が鎌倉幕府倒幕に動くに至った以後の経緯を振り返れば、直義と上杉氏の連携は鉄壁だった。また上杉氏はもともと藤原北家勧修寺《かじゅうじ》流の文筆系の公家である。師直と肌合いが合うはずはなかった。直臣団内のほころびが兄弟の対立を生じさせたとする見方は大筋で正しいと思われる。

観応の擾乱

貞和五年(一三四九)から観応三年(一三五二)に至る幕府政治史は「観応の擾乱」と呼ばれ、この間、大きな振幅を繰り返す。貞和五年八月、師直は直義の排除を求めて幕府を軍勢で取り囲んだ。尊氏は要求を容れ、直義は政務を返上、直義派の上杉重能と畠山直宗《ただむね》は捕えられ、北陸に護送される途中に殺害された。直義は出家し、政治生命はこれまでかと思われたが、救世主が現れる。養子の直冬《ただふゆ》である。

『太平記』によれば、直冬は若き日の尊氏の「一夜通いの妻」の生んだ子とされるが、尊氏はこれを認めず、そのために直義の養子となった人物である。新幕府のもとでは、直義の配慮で長門《ながと》探題となっていたが、恩義ある直義の窮地に際し上洛を企てる。このときは上洛は叶わなかったが、直冬は九州に渡ると少弐氏の支持を得て大宰府に入り、九州に一大勢力圏を打ち立てた。

これを討つべく尊氏・師直は備前《びぜん》まで進発するが、その留守中の観応元年十月、直義は京都を脱して大和に入り、桃井直常・畠山国清《くにきよ》らの帰参を受ける。さらに南朝に接近して尊氏追討の宣旨を得、ここに尊氏・師直と直義の全面的な対立となる。数度の戦いののち、観応二年二月、尊氏・師直は摂津打出浜《うちでのはま》の戦いに敗れ、師直・師泰兄弟は上杉能憲《よしのり》（重能の養子）によって殺害された。ここまでが観応の擾乱の第一幕である。

直義の敗北と直冬

高一門の滅亡によって直義の執政が再開されるが、わずか半年後の七月末、直義は政務を返上して京都を出奔し、北陸を経由して鎌倉に入る。師直兄弟の死後も、師直派だった佐々木・土岐・赤松・細川氏らは健在で、直義派との暗闘が続き、双方とも敵方からの急襲に怯える状況だった。したがって危険を察知した直義が京都を脱出したともとれるが、法と秩序を重んじる直義の施政は、伝統的な武士たちの権利ばかりか、公家や寺社の荘園から兵粮を調達する武士たちの行為を抑制し、荘園領主たちの権利を擁護する場面も少なくなかった。

武士によって支えられている政権でありながら、彼らの要求に全面的に応えられるわけではないというスタンスは直義の施政の根本的な矛盾であった。尊氏の介入を抑え、直義単独で政権を担ったとき、その矛盾もまた直義が単独で引き受けざるをえなくなったのである。直義が堪えられたのはわずか半年であったというのが真相であろう。

鎌倉に入った直義に対し、尊氏は南朝と講和を結んだうえで京都を子の義詮に任せ、十一月、自ら駿河《するが》の薩埵山《さったやま》(静岡市)まで出陣した。十二月、薩埵山での戦いに勝利した尊氏は鎌倉に入る。捕縛され、監禁された直義が急死したのは翌観応三年二月である。当時より毒殺との噂があった。

ここまでが第二幕であるが、直義が死しても足利氏の内訌は終わらなかった。九州の直冬の勢力は直義の死によって打撃を受けるが、まもなく大内弘世《ひろよ》に迎えられて、西中国に活動の場を移す。文和《ぶんな》二年・正平《しょうへい》八年(一三五三)には南朝に帰順して義詮追討の綸旨を得る。そして山名時氏、桃井直常ら直義派の武将の支持を得て中国地方を勢力下に収めると、山陰路より上洛を開始する。

これに対し、文和三年十月、義詮は直冬迎撃のために播磨弘山《ひろやま》（兵庫県たつの市）まで出陣する一方、尊氏は京都を脱出して近江の武佐（滋賀県近江八幡市）まで退く事態となる。翌年正月、直冬は京都に入り、二月から三月にかけて、両軍の間では京都市中で激戦が行われたが、三月半ば、尊氏・義詮が京都を奪回している。西国に敗走した直冬は、その後もしばらく安芸《あき》・石見《いわみ》で活動を続けるが、再び尊氏たちを脅かす勢力を回復することはなかった。足利氏内部の争いはようやく収まったのである。

南朝はなぜ存続したか

「南北朝時代」という名称は建武政権の成立から十四世紀末近くまでをさすが、畿内南部の山中に本拠をおき、後醍醐とその子孫や側近を中心とする勢力の軍事的活動は、新田義貞や北畠顕家の戦死以後は限定的なものになっている。それでも「南朝」と呼ばれる勢力が半世紀生き続けたのはなぜだろうか。

一つには、後醍醐が地方での勢力扶植をねらって打った布石が一定の効果を上げていたことがある。建武政権期、後醍醐は鎌倉には成良親王と直義、奥羽には義良《のりよし》親王（のちの後村上天皇）と北畠顕家を配置して、遠隔地域を支配する体制を構想していた。吉野に立てこもったのちには、幼い皇子懐良《かねよし》親王を征西将軍として九州に送る。懐良は瀬戸内海の忽那《くつな》氏や、薩摩の谷山氏の援助を受けて、しだいに勢力を拡大させ、貞和四年、肥後の菊池《きくち》武光《たけみつ》に擁せられて隈《わい》府《ふ》（熊本県菊池市）に入った。そして直冬派の少弐氏や豊後の大友氏と戦う。康安元年・正平十六年（一三六一）には大宰府に入り、以後十一年にわたって九州一円を従わせる勢力を築くことになる。

奥州でも北畠氏の活動によって一定の南朝派の活動が見られた。後醍醐は晩年にも再度、北畠親房《ちかふさ》を奥州に向かわせた。途中の難船でそれは叶わなかったが、親房は漂着した常陸で結城《ゆうき》氏らの支持を得て、一定の勢力を保った。

しかし半世紀も南朝が続いた主要な理由は、南朝自身の主体性よりも、むしろ北朝を擁する幕府側にあった。軍事的な優劣がついたかに見えたのちも南朝が呼び起こされる経緯を見てみよう。

呼び起こされる「南朝」

観応の擾乱の過程で、その時々の状況に応じてある時には直義が、ある時には尊氏・義詮が、さらには直冬が南朝と講和を結んで対立者追討の命令書を得ていたことは先に見たとおりである。特に観応二年・正平六年（一三五一）十月、直義との決戦を前にした尊氏は、自分の留守中の京都を南朝に攻略されるのを予防するために南朝と講和を結ぶが、このときには北朝の崇光《すこう》天皇と観応年号の廃止までやってのけた（正平《しょうへい》の一統《いっとう》）。まもなく直義が敗北、続いて急死すると講和は破綻するが、短期間とはいえ、尊氏は南朝に服したのである。

直冬も南朝から義詮追討の綸旨を得ることによって戦いを正当化した。直冬に従う山名時氏、石堂頼房《いしどうよりふさ》、吉良満貞《きらみつさだ》らも一時期南朝年号を使用し、文和二年・正平八年六月には時氏が、文和四年・正平十年正月には直冬自身が京都を占領した。直冬は京都から敗走したのちも死ぬまで南朝年号を使用し続けた。直冬の子は吉野の南朝宮廷に仕えたという説もある。

直冬の脅威が去った幕府では、佐々木導誉《どうよ》、細川清氏《きようじ》、仁木頼章《よりあき》・義長《よしなが》、土岐頼康《よりやす》ら、擾乱の最中に一貫して尊氏派にあった人物たちが政権の中枢を担ったが、いずれも個性の強い人物で、延文《えんぶん》三年（一三五八）に尊氏が死去すると相互の対立が表面化した。まず延文五年、仁木義長が脱落し南朝に走った（頼章は前年に病没）。

ついで康安《こうあん》元年（一三六一）、幕府の執事を勤めていた細川清氏が佐々木導誉と対立、さらに義詮の不興を蒙って失脚した（康安の政変）。清氏が二人の子を石清水八幡宮で元服させ、八幡六郎、八幡八郎と名付けたことが、源氏の英雄八幡太郎義家《よしいえ》に肖《あやか》るもので、天下を狙う企てと見なされたといわれる。清氏は京都を去って南朝に帰し、同年末、楠木正儀《まさのり》らとともに挙兵する。義詮は後光厳《ごこうごん》を奉じて再び近江の武佐《むさ》まで逃れ、清氏の率いる南朝軍は一か月足らずの間ではあるが、正平の一統から数えて四回目の京都占領を果たしたのである。

このように幕府内部の抗争に敗れた者が南朝と結びつき、己の正統性を主張するというパターンが繰り返されたのであるが、興味深いのは、京都政権から南朝に走った者は足利一門に限られていた点である。鎌倉時代の足利氏は本貫地である下野や守護国の三河に多くの所領をもち、この時代の一般的な武士団と同様に多くの庶子家を分出していた。新田氏やその支流の山名氏も含め、足利一門と呼ぶべき大族である（図1-4）。

この一門の中で尊氏の属する家は惣領家と呼ぶべき位置にはあったが、これもこの時代の武

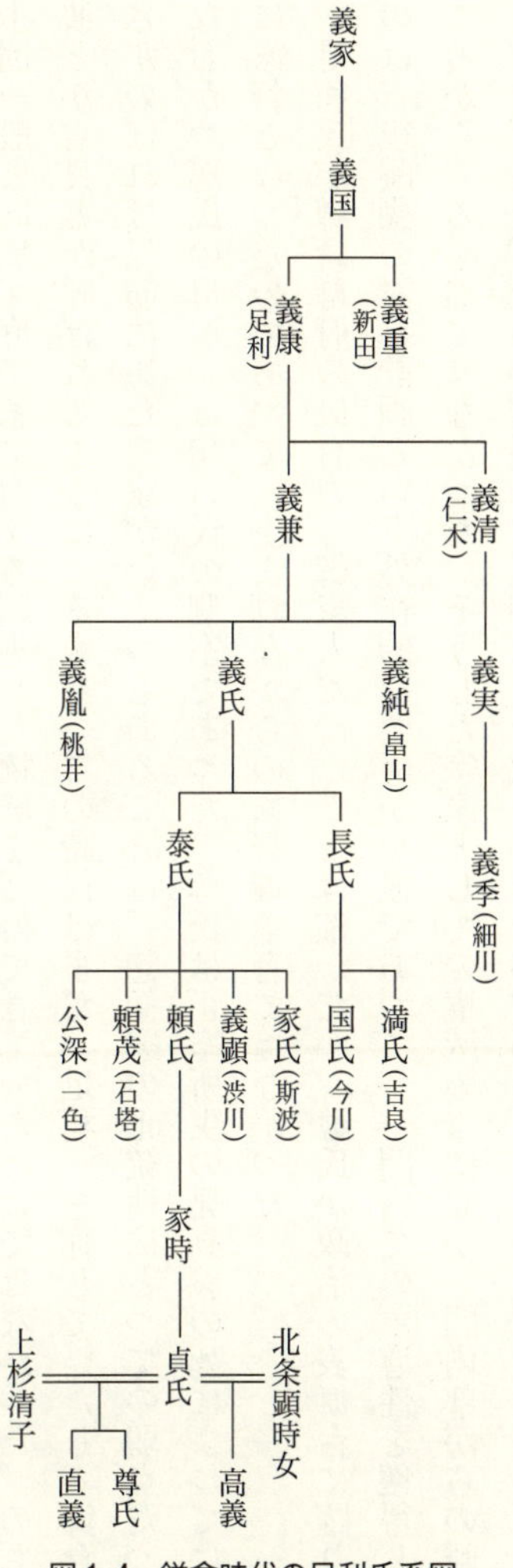

図1-4　鎌倉時代の足利氏系図

士団一般と同様、庶子家に対する隔絶した権威を獲得できていたわけではなかった。のちに斯波とか吉良とか呼ばれるようになる家も、この時代はまだ「足利」を称していたし、鎌倉期にさかのぼれば兄筋にあたる家がいくつもあることは、惣領家の正統性にとっての弱点だった。なおかつ尊氏の母清子は父貞氏の側室であった。尊氏は正室所生の兄高義の死によってにわかに家督となったのであって、生まれながらの家督継承者ではなかった。

足利氏が鎌倉幕府の最有力の御家人だったことは確かだが、尊氏が政治の表舞台に躍り出たのは、後醍醐の討幕計画という外在的な要因が契機であって、一門内での主導性を獲得したところからくる必然ではなかった。そうした宗家としての権威の未確立が一門内部からの離反者を次々と生み、それが結果的に南朝に息を吹きかけたのである。

3　戦乱と村々

戦いという名の旅

鎌倉後期以来、地方の武士たちの間では、所領という限られたパイをめぐる自力救済的な争いが続けられていた。南北朝内乱には、一族内や地域内の敵対者が尊氏に従うのならば自分は直義に、というように、地方の武士たちが、自分の立場を正当化するために二つの朝廷や直義、直冬の名を利用したという側面もあった。京都での政権争奪と、地方における武士相互の所領紛争や地域内での主導権争いが絡まることによって、全国的かつ長期にわたった戦乱が続いたのである。

内乱の初期には中央政権の姿が定まらず、主役と目される人物たちの長距離の移動が展開したため、彼らに率いられた地方の武士たちも長距離の旅を強いられることになった。ここまでに述べてきた戦乱を、一人の武士の動きにあてはめるとどうなるだろうか。

建武二年(一三三五)十一月、豊後の武士狭間《はざま》政直《まさなお》は、一族の惣領である大友貞載《さだとし》に率いられて上洛し、尊氏追討の宣旨を受けた新田義貞に従って伊豆に到着した。しかしここで大友貞載は尊氏方に転じる。そのため政直は尊氏方の一員として伊豆国府での合戦に参加、次いで尊氏に従って上洛する。翌年正月、京都の戦いで敵の首を打ち取る一方、親類を失っている。尊氏の九州敗走に従っていったん九州に戻り、筑前多々良浜《たたらはま》の戦いに参加するが、夏には尊氏の再上洛に政直も従い、七月・八月には鴨川や比叡山での合戦に参加している(「狭間文書」)。一年足らずの間に九州を出発して関東、京都、九州、また京都、と目まぐるしい戦いの旅を行ったのである。

南北朝時代というのは、数万、数十万もの人々が列島を東西に移動した時代でもあったのだ。

そんな時代の中で、無名の人々はどう生きたかをみてみよう。

戦場からの手紙

戦いは長距離移動だけではない。むしろ地域的な紛争に動員されるのが常態化していたのが南北朝内乱である。一九九三年、高《たか》幡《はた》不動《ふどう》の名で知られる東京都日野市金剛寺《こんごうじ》の不動明王《ふどうみょうおう》の胎内から見つかった文書が解読され、南北朝の戦いに参加した無名の武士の肉声を伝える手紙であることが判明した(図1-5)。

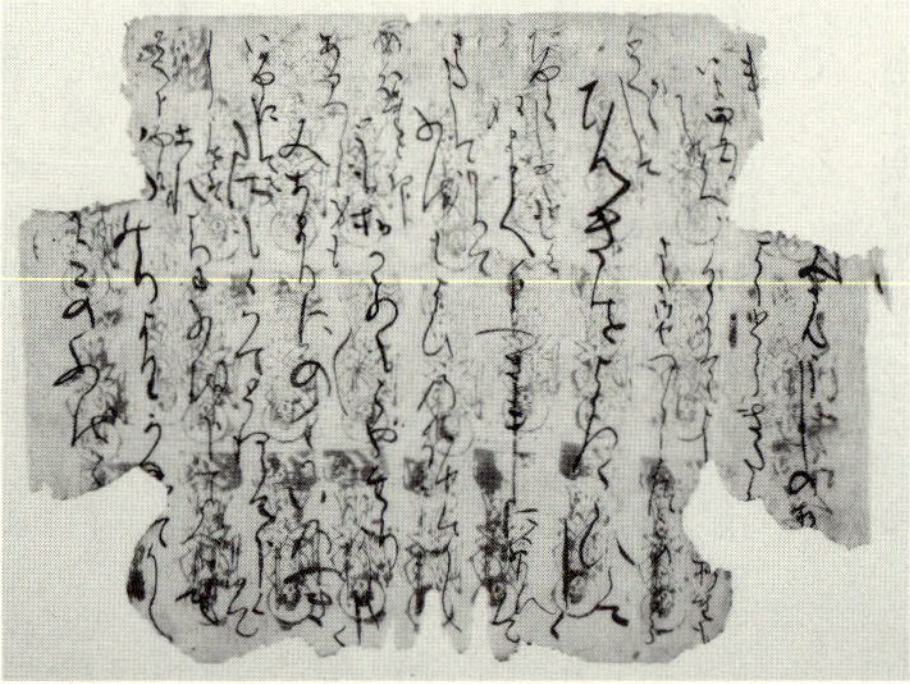

図1-5　山内経之の書状

武士の名前は山内経之《やまのうちつねゆき》という。現在の日野市付近に本拠をもち、奥州にも若干の所領をもっていたらしい。暦《りゃく》応《おう》二年(一三三九)、常陸で活動を活発化させていた北畠親房率いる南朝方と対戦するために、京都より高師冬《もろふゆ》が関東に派遣されてくると、経之はその軍に召集された。戦地に出向いても気がかりなのは家族のことである。父のいない自宅を守る年若い息子に対し、戦場の辛苦を伝えつつも、「それは覚悟のうち。留守宅のことが心配でしかたがない。何事も母と相談するように。百姓たちのこともよくよく考えるように」と書き送っている。

戦場で必要な物資にも事欠くありさまだったらしく、馬や鞍を百姓に持って来させるように、所領内の家一軒を売って戦場で着る衣装を調達するように、あるいは百姓たちに臨時の税を必ず納めさせるように、などと求めている。地元にある関戸観音堂に兵粮の提供を求めたこともあった。また戦場に同道させた従者たちの中には逃げ出す者も多かったようで、脱落者の書上げを息子に送り、この者たちを捕まえて戦場に送り届けるように、という指示も出している。

合戦は時として中央の、あるいは地域の政治史を大転換させることもあり、そこに参加した個人の存在を忘れがちであるが、戦士たち一人ひとりは、それぞれに家庭や日常の暮らしを抱えていたのである。

もう一つ例をあげておこう。内乱末期の応安四年（一三七一）、今川貞世《さだよ》による九州の南朝方制圧の戦いへの従軍を命じられた備後《びんご》の武士長井貞広《さだひろ》は、出発前、近隣の武士である毛利《もうり》広世《ひろよ》と養子契約を交わし、「もし私が討死したときには、恩賞の所領を申請して弔いをしてほしい。……尼公（母か）を養ってほしい。兄や父も一緒に死んでしまったら頼れる人はほかにいないのだから」と後事を託している（「毛利文書」）。

貞広はこの契約の四年後の八月に筑後で討死している。父親も先だって戦死している。残された母親がどうなったかはわからない。先の山内経之も日野の自宅に帰った形跡はなく、親房軍との戦いのなかで戦死したと考えられている。

誰のために戦うか?

経之や貞広のような思いを抱えてでも武士たちが戦場に向かったのは何のためだろうか。後醍醐や尊氏のめざす国家構想に共鳴したからか? 無論そうではない。戦《いくさ》で軍功を立て、恩賞としての所領が欲しいからである。山林荒野を切り開いて所領を拡大するという時代は、すでに過去のものとなっていた。当時の技術で水を引き、耕作地とできるような土地はあらかた開発されていた。新たに所領を得るためには戦で手柄を立てて恩賞を与えられるほかなく、運悪く参加した側が負ければ、「敵方所領」として所領は取り上げられるのである。傍観も許されなかった。勝者に協力しなかった者もまた「敵方」と見なされるのである。自身、家族、従者たちが生き延びるためには戦に参加せざるをえなかったのである。

生き延びるためにはとにかく勝ち馬に乗らなければならない。鎌倉幕府の崩壊から足利氏の幕府が成立するまでの過程を思い出してみよう。

尊氏が鎌倉を発ってから六波羅探題攻撃を決断するまでのじれったさ。それは尊氏の性格もあるかもしれないが、それだけではないだろう。全体の状況の見極めにそれだけの時間を要したのであろう。それにひきかえ、六波羅滅亡の報が伝わったのちの全国の武士の動きの速さは驚くばかりで、半月も経たないうちに鎌倉幕府は滅亡したのである。

建武二年末から翌年秋にかけての振幅も激しい。後醍醐と袂《たもと》を分かった尊氏を討つべく、破竹の勢いで関東の入り口まで迫った新田義貞は、箱根で不覚をとるや、一挙に京都に逃げ帰らねばならなかった。それを追撃した尊氏も京都、九州、再び京都へと東奔西走する。短期間のうちの全体の状況は猫の目のように変わったのである。

こうした戦況の背後には尊氏側の作戦が功を奏したこともあるが、より根本的には、戦に参加する地方武士たちの意思にあっただろう。彼らにとってはとにかく勝者側に立つことが重要なのである。有利とみた側につかねば、自分の所領を失い、家族、従者が生きることも不可能となってしまうのである。一旦の勝敗が見えると雪崩のように大勢が動いていく背景には、そうした事情があった。

手柄の証明

戦に参加した武士たちは手柄をどのようにして証明していたのだろうか。当時の武士たちが合戦に参加するとき、次のような文書が合戦の統率者と参加者の間で取り交わされた。

まず合戦が始まりそうな形勢になると、統率者は軍勢催促状という従軍命令書を発する。これを受けて合戦に参加した武士は、戦場に着くと、自分の名前と、いつ、どこに到着したかを記した「着到状」を現場の統率者に提出し、「承了《うけたまわりおわんぬ》」という一筆を書き入れてもらう。戦闘が起こり、無事生還することができたら、今度は手柄を記した「軍忠状」を作成して現場の統率者なり、より高次の統率者なりに提出して、やはり「承了」の一筆をもらう。統率者からは「感状」という褒賞文言を記した文書を受け取ることもある。そして、合戦が終息したら、参加した武士はあらためて「承了」という証明文言の付された「着到状」「軍忠状」や「感状」を幕府や守護に提出して所領の授与を願い出たのである。

南北朝時代はこうして作成された文書が大量に残されている時代である。これによって地方で起きた合戦も知られるのであるが、わけても「軍忠状」は合戦の経過や状況を知るうえで貴重な史料となる。「軍忠状」にはいくつかの類型があり、数度にわたる一連の合戦での軍功を書き連ねたものもあれば、当座の合戦ごとに作成される場合もある（図1-6）。

肝心なのは軍功を具体的に証明することであるが、取った敵の頸《くび》を持参していれば最大の証明である。ほかに親族や配下の従者が戦死したとか負傷したというのも軍功となる。もちろん自分の負傷も大きな軍功である。一例を紹介しよう。

暦応二年（一三三九）四月、九州の日向《ひゅうが》では南朝方の肝付《きもつき》氏が挙兵していた。豊後の武士出羽宗雄《むねお》は幕府側の軍勢催促に従って肝付氏の立てこもる城を攻撃し、負傷した。同年七月八日の軍忠状の中で宗雄はいう。

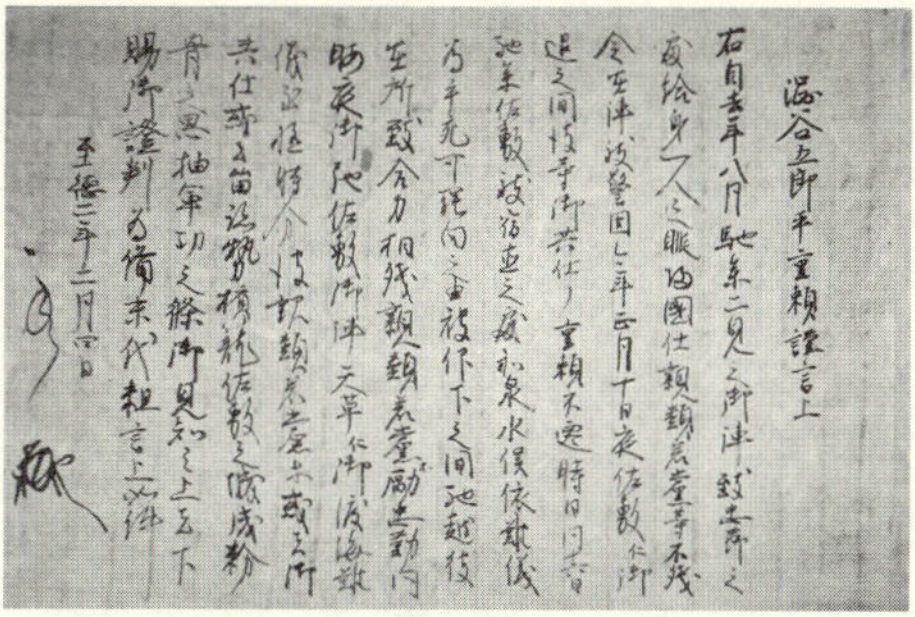

図 1-6　渋谷重頼の軍忠状

1385 年のもの．末尾に大将の「承了」と花押がある．

今月四日夜、肝付兼重《かねしげ》の城に向かい、即時に彼らを追い落としました。翌日も兼重の城を攻めて、私自身、右肩と左足に疵《きず》を受けました。戦場での状況は大将が直に御覧になりましたから、確認の判をいただき、後日の証明と致したく存じます。（「志賀文書」）

負傷した宗雄は、合戦現場で大将である畠山義顕《よしあき》から現認を受け、合戦が終了すると軍忠状を提出して「承了」の一筆を得たのである。

このように身体で証明できる軍功もあるが、先陣を切ったとか、敵を倒したが頸は取っていない、といった場合にはどうなるだろう。同じ南九州の別の軍忠状を見てみよう。康永元年（一三四二）、懐良親王が瀬戸内海の海賊衆とともに薩摩に上陸すると九州の南朝方は勢いづき、対する北朝方も応戦に忙しくなる。貞和三年(一三四七)六月六日の合戦に加わった薩摩の武士渋谷《しぶや》重名《しげな》は軍忠状で主張する。

海賊たち数千人が海と陸から寄せてきたので、身命を捨てて戦い、敵数人を打ち取って退散させました。このことは大将の側近くにお仕えする渋谷孫七が一緒に戦っていたのでご存知のはずです。(「薩藩旧記寺尾文書」)

同じ戦場で戦っていた僚友の目撃証言が軍功の重要な証拠とされたのである。こうした証言をしてもらうには、当然、日頃から僚友としての関係を築いておくことが重要だったことはいうまでもない。

兵粮の調達

合戦によって生活を動揺させられるのは軍団の通過地点に住む人々も同じである。京都をめざす北畠顕家が木曽川、長良川を越え、美濃で戦ったのは建武五年(一三三八)正月末であるが、その戦場となった東大寺領大井庄《おおいのしょう》(岐阜県大垣市)の住民たちは近年の様子を次のように語っている(「東大寺文書」大意)。

おととし以来の動乱で市が立たず、米穀を売って現金を手に入れることができません。両方の軍勢が上洛のたびに荘園に入ってきて、牛馬や米・大豆を運び取っていきます。今後は一か所にまとめて守ろうということになり、力を合わせて警固した結果、濫妨を防ぐことはできましたが、面々の負担はたいへんです。守護・国司が在国するようになってからは、軍勢を出せとか兵粮米や馬具を出せとか言ってきています。

自分の所領から比較的近い場所が戦場だった日野の山内経之は、自領の百姓から兵粮や馬を徴発していたが、遠征軍の場合は戦場近くで調達せざるを得なかったのである。

この調達方法は古くは源平合戦期にも行われ、鎌倉倒幕の合戦の中でも行われていたようであるが、大井庄の住民たちの訴えにもあるとおり、これは戦場近くや通過地点の住民にとっては過重な負担となる。無制限の調達となることも予想され、荘園領主からしても、本来自分たちが年貢として取得できるはずの米穀の喪失につながるものであった。

そこで案出されたのが半済《はんぜい》という方法である。これは地域と年限を限って、年貢の半分を兵粮として調達することを幕府として認めるというものである。具体的には、正平の一統が破綻した文和元年(一三五二)七月、直義党や南朝方の動きが活発化した近江・美濃・尾張(翌月には伊勢ほか四か国にも拡大)で、一年を限って認めたのが最初である。徴発額の上限を設けるとともに、対象となる地域を国単位とすることによって、戦場近くの特定の荘園や村に負担が集中しないことをねらったものである。

荘園から徴発されるのは兵粮だけではなかった。戦場への物資補給や築城に必要な労役夫も荘園から徴発された。それをある荘園の会計帳簿から見てみよう。

陣夫の調達

播磨の西部に京都の東寺《とうじ》を領主とする荘園があった。矢野庄《やののしょう》という。東寺にはこの荘園に関する多くの史料が伝えられているが、その中に、十四世紀半ばから十五世紀半ばに至る百年間にわたる会計支出記録が残されている。そこからは、戦乱をはじめとする中央政治の影響が地方の一荘園の生活にまで及んでいたことを知ることができる。

観応三年三月、尊氏との和議の破れた南朝軍が京都に迫っていた。播磨守護赤松則祐《そくゆう》は防戦のために上洛を命じられ、矢野庄に兵粮米の供出を命じた。しかし三月といえば、前年の秋に集めた年貢はすでに京都に送ってしまっている。やむをえず、現地の庄官たちは翌秋集めるべき年貢を前倒しで百姓たちに納めさせ、守護からの要請に応じている。備蓄や種籾を失った百姓もあったことであろう。

その二年後の文和三年冬、直冬党が中国地方で動きを活発化させ、京都に迫る勢いとなった。これを牽制するために将軍の世子義詮は播磨弘山まで軍を進めた。播磨では、急遽、滞在用の御在所《ございしょ》をつくることになり、そのための人員や費用が周辺の荘園に懸けられた。矢野庄に命じられた供出額は年貢の三分の一（約三十六石）だった。荘官たちは守護所に出向いて赤松家の奉行人に掛け合い、それは免除されたが、奉行人たちへの工作費や接待費として十三石が消えた。ほかに御在所の塀塗りや材木集めのための人夫、御在所での雑役夫らを食糧つきで提供している。

長期化した戦乱の人的、経済的負担は合戦に直接参加した人々だけではなく、穀物を生産し年貢を負担する人々にも、またその年貢を本来取得できたはずの寺社や貴族たちにとっても重くのしかかっていたのである。

もっとも動員された人々も、決して律儀に任務を果たしていただけではなかった。中世の戦争では、敗れた側の落ち武者たちは略奪を受け、武具、甲冑《かっちゅう》、食糧など身ぐるみはがされるのが常だった。野伏《のぶし》として移動する軍団に参加していた者たちが、この略奪にも参加していたことは、『太平記』などの記述からも明らかである。藤木久志は、こうした実態を「食うための戦争」と表現している。

4　内乱の終息

南北朝内乱の過程は足利一門の中の多数の家が淘汰されていった過程でもあった。表舞台から退場していく家がある一方で、勝ち残っていく家もある。勝ち残った家は、その後の室町幕府を支えていくことになる。二代将軍義詮の時代、南朝に走る者もほぼ見られなくなったころ、幕政の中心に勝ち残っていたのは斯波高経である。

勝ち残った者

斯波氏の祖家氏《いえうじ》は足利泰氏《やすうじ》の長子であったが、のちに父が得宗家から妻を迎えて弟が生まれたために、惣領の座から下りることになった人物である。以来、家氏の子孫は惣領の地位からは下りたものの、独立した御家人として扱われ、南北朝時代になっても「足利」の名で呼ばれていた(「斯波」の称で呼ばれるようになるのは十五世紀に入ってからである)。高経は家氏の曽孫にあたり、生年は尊氏と同じである。建武政権のもとで越前守護に任ぜられて北陸に赴き、のちに尊氏と対立した新田義貞の討滅に功績があった。観応の擾乱では基本的に直義派に属し、直冬の京都占領にも同調したが、直冬の退去後は尊氏に帰順を許されている。

直義派に属していたこともあって、尊氏在世中の高経の位置はめだつものではなかったが、尊氏が没し、仁木義長、細川清氏らが次々と失脚すると、高経の存在感はにわかに増大する。

高い家格に加え、六波羅探題攻撃にも参加したという、幕府開創第一世代としての実績を有したためであろう。

高経の執政は、中国地方でなお直冬党として活動していた山名時氏と大内弘世を幕府に帰順させたこと、幕府新邸（三条坊門御所）の造営、所領関係の裁判の主導などで特色づけられ、幕府体制の安定化に大きな貢献があった。貞治《じょうじ》五年（一三六六）、もう一人の幕府長老佐々木導誉との対立から、義詮より越前への下向を命ぜられるが（貞治の政変）、翌六年七月、高経が没すると、高経の子義将《よしゆき》は早くも赦免されて幕府に復帰している。

細川頼之の執政と康暦の政変

斯波義将が幕府に復帰した二か月後、四国などの守護として、直冬党や伊予の南党河野氏を帰順させた軍功を認められた細川頼之《よりゆき》が、義詮の指名を受けて上洛してきた。細川氏も足利一門であるが、こちらは傍流で、鎌倉時代には三河の小村を領するだけの存在だった。しかし観応の擾乱では一貫して尊氏派に属し、和泉や南海道で細川一族は七か国の守護職を得るまでになった。幕府の執事を勤めた清氏が失脚して南朝に走ったあとは頼之が一族の長となっていた。

頼之の上洛によって、幕府では頼之と斯波義将が勝ち残った足利一門として居並ぶことになった。もっとも、頼之がすでに四十歳に近く、軍事的な実績をもっているのに対し、義将は高経晩年の子でまだ十八歳である。おりしも義詮は貞治六年(一三六七)十二月、急病を得て没し、十歳の義満《よしみつ》が将軍を継ぐ。当然ながら将軍の政務の代行役が必要となり、以後十年余りにわたって頼之がその役割を果たすことになる。

頼之による執政の行われた応安《おうあん》—永和《えいわ》年間は、従来朝廷の専管事項だった権限が次々と幕府の所掌となる時期である。

その一つは国家的な課税権である。国衙領《こくがりょう》や、さまざまな領主を頂点とする荘園が複雑に存在していた中世においても、だれの所領であるかを問わず、一律に国家的な課税がなされる場合があった。内裏の造営や伊勢、賀茂、石清水、比叡山をはじめとする大寺社の修理などにかかる費用を調達する場合で、一国平均役《いっこくへいきんやく》と呼ばれる。平安末期から存在する税であるが、本来これらは朝廷が課すものであった。特定の所領に対する免除の認定も朝廷が行っていた。鎌倉時代になると、実際の徴収には幕府が介在する場合が増えていくが、形式的には朝廷が課税の発議や免除の主体であった。しかし応安—永和年間になると、伊勢関係のものを除き、朝廷の課税発議は行われなくなり、課税も、また特定の領主に対する免除も、名実ともに幕府がその主体となった。

次章でも触れるが、この時期の北朝宮廷は、財政の逼迫と人心の弛緩で重要な神事も行えないような状態に陥っていた。したがって右の事態は、幕府側から積極的に朝廷の有する国家主権を接収したというよりも、財源の確実な調達という実務的な要請から発したものと理解されているが、結果的には国家支配に占める朝廷の役割が大きく縮小することとなった。またそれまで検非違使《けびいし》が管掌していた京都市中の警察・裁判もこのころには機能しなくなり、代わって幕府の侍所《さむらいどころ》が執行するようになった。

このように細川頼之の執政下で、幕府の国家の統治権者としての性格が大幅に高まっていったのであるが、頼之と成長した斯波義将との競合は避けられないものがあった。康暦《こうりゃく》元年（一三七九）閏四月、義将、土岐頼康、京極高秀《たかひで》（佐々木導誉の子）らが数万騎の軍兵を率いて幕府を取り囲み、頼之の罷免を要求する。背景には守護の交替の断行や、山門や禅宗寺院からの種々の要求に対して、対立も厭わず頑として拒否する頼之の峻厳な態度への反発があったとされる。頼之は義満のいわば育ての父であり、義満の最も信頼する補佐であったが、大名たちの結束と幕府を取り囲む大軍の前には打つ手がなかった。頼之はその日のうちに守護国である讃岐に去った（康暦の政変）。

もっとも義満もすでに二十二歳となっていた。頼之の引退は、期せずして義満の自立を促したともいえる。成人した義満を義将が管領として補佐する体制のもとで、混乱の続いた京都政局もようやく落ち着きをみせることになる。

東国の戦乱と
鎌倉府体制

畿内の混乱状況が終息に向かいつつあるころ、東国の様子はどうだったのだろうか。室町時代の関東には鎌倉府が置かれて、その首班の鎌倉公方《くぼう》を足利氏支流が勤め、それを上杉氏が関東管領《かんとうかんれい》として支えるという体制が布かれるが、南北朝期はそこに至るまでの紆余曲折の過程である。少し年代をさかのぼって情勢を見ておこう。

建武政権下、鎌倉では成良親王を奉じた直義が関東の統治を行っていた。また義詮は父尊氏が鎌倉幕府の命で最初に上洛したときに人質として鎌倉にとどめられ、以後二十一歳までは一貫して鎌倉にいた。このため義詮は「鎌倉殿」と呼ばれた。そして中先代の乱後、叔父直義が京都に向かい、尊氏とともに幕府を開くと、実質的に鎌倉公方として東国を任された。足利氏家臣の両頭である上杉憲顕《のりあき》と高師冬がこれを支え、この体制で北畠親房ら関東の南朝方の活動を抑え込んだ。観応の擾乱が始まり、序盤で直義が失脚すると、義詮は尊氏に召喚されて上洛し、代わって十歳の弟基氏《もとうじ》が鎌倉に入る。通常はこれを鎌倉公方の初代としている。

その後、京都を脱出して鎌倉に戻った直義が、尊氏との決戦に敗れて急死すると、尊氏は直義派の上杉氏を排し、畠山国清ら、関東に鎌倉時代以来の地盤をもつ有力武士を起用して東国を治めさせる方針をとった。しかし国清は、畿内の南朝攻撃のために上洛した際の行動が義詮の不信を招いたうえ、関東での強圧的態度が他の武士たちの反感を買ってしまう。このため、康安元年（一三六一）、基氏は国清を追放し、代わって上杉憲顕を執事として復権させた。幼時より憲顕の補佐を受けていた基氏は、父の従兄弟でもある憲顕をもともと深く信頼していたといわれる。憲顕は直義の敗北後に失っていた越後・上野の守護職も回復する。

貞治六年（一三六七）、基氏が二十八歳で没すると、反鎌倉府の動きもあったが、憲顕は基氏の遺児金王丸《こんのうまる》（のちの氏満《うじみつ》）が鎌倉公方を継承することについて幕府の支持をとりつけ、反対派を封じ込めた。その後も北関東では、下野の小山《おやま》氏と宇都宮氏の抗争とそれに続く小山義政《よしまさ》の挙兵、常陸の小田氏の挙兵などがあったが、他氏に波及するような動きにはならず、鎌倉公方を上杉氏が支える形で関東の戦乱状況は終息した。

奥羽では北畠顕家が畿内で戦死したのちも、その弟顕信《あきのぶ》が南朝方として活動を続けた。また幕府が奥州管領として派遣した畠山氏・吉良氏らも活動していたが、いずれも奥羽の主導権をとるに至らぬまま姿を消し、白河・伊達《だて》・芦名《あしな》・斯波（大崎）などの前代からの武士たちが拮抗した形での安定状況が形成されることになる。

征西将軍府から九州探題へ

建武三年（一三三六）に京都から敗走した尊氏が一時滞在した九州では、尊氏の再上洛後も一色範氏《いっしきのりうじ》がとどめられて九州探題としての任務を期待された。しかし在来の勢力に受け入れられるところとはならず、観応の擾乱期には大宰府の少弐氏は直冬を、肥後の菊池氏は後醍醐が征西将軍として派遣した懐良親王を推戴して一色氏に対抗した。なかんずく少弐氏を破った懐良は大宰府を手に入れ、一三六〇年代には九州全島を従える勢いとなる。このため幕府から九州探題に任命された斯波氏経《うじつね》は九州に入ることすらできなかった。懐良はすでに吉野の朝廷の指示からも脱しており、いわば半独立の勢力圏を打ち立てていた。実際、明《みん》からは日本の君主と誤認され、「日本国王良懐」の称号さえ得ていた。

京都で細川頼之の執政が始まり、畿内や東国の政情が落ち着いてくると、ようやく九州掌握の問題が幕府の政治日程にのぼってくる。

擾乱期に一貫して尊氏派に属した今川氏は頼之の信頼篤く、侍所頭人《さむらいどころとうにん》を勤めていた今川貞世は応安三年(一三七〇)に九州探題に任ぜられる。貞世の九州入りにあたっては、備後・安芸《あき》が貞世の守護国とされ、両国からの軍事動員が可能となった。九州に渡った貞世は毛利氏、吉川氏などの両国勢のほか、豊後の大友氏や肥前の竜造寺氏《りゅうぞうじ》らを味方につけて征西将軍府を攻撃し、応安五年には大宰府を制圧した。

永和元年(一三七五)、貞世の失策によって少弐氏、大友氏、薩摩の島津氏らの離反を招いたこともあったが(水島の変)、幕府の要請によって西中国の大内氏が援軍を送ったため、貞世は危機を脱することができた。ついで永和三年には、肥前・肥後の各地で菊池氏ら南朝方に大勝し、征西将軍府の退勢は決定的となった。

貞世の盟友、頼之が康暦の政変で失脚したのちも、貞世の九州制圧は続けられた。南九州では最後に残った島津氏との間で一進一退の攻防が続いたが、薩摩、大隅、南肥後などの中小武士たちを徐々に味方に取り込むことによって島津氏を追い詰め、永徳元年（一三八一）、これを帰順させた。征西将軍府は懐良の没後も肥後八代、筑後矢部などで活動を続けるが、活動範囲は限定的となり、九州での戦乱もようやく終息した。

第二章　もう一つの王朝時代

1　義満の登場

王朝の危機

日本史上には本人も予期していないまま突然に皇位についた天皇が何人かいるが、後《ご》光厳《こうごん》天皇もその一人である。文和《ぶんな》元年・正平《しょうへい》七年（一三五二）、足利直義《ただよし》の敗北と死によって尊氏と南朝の講和が破れると、南朝軍は京都から引き上げていく。このとき北朝の光厳《こうごん》・光明《こうみょう》・崇光《すこう》の三上皇と前東宮の直仁《なおひと》親王は、「安全を確保するため」との口実で御所からおびき出され、そのまま吉野に連行されてしまった。窮した幕府や北朝の廷臣たちが気づいたのが、出家させる予定で元服もせず、公家の柳原家で養育されていた十五歳の少年である。

といっても三種の神器もなければ、前天皇からの譲位の意思も表明されていない。窮余の策として、幕府は光厳の母広義門院《こうぎもんいん》（後伏見《ごふしみ》天皇の女御西園寺寧子《さいおんじねいし》）に頼み込み、その指名によって急遽、皇位についたのが後光厳である（図2-1）。先例に神経質な北朝の公家たちは、六世紀の継体《けいたい》天皇が群臣の推挙によって即位したという、八百年も前の例まで持ち出して自分を納得させたのである（『園太暦《えんたいりゃく》』）。

こうした緊急避難的な措置として皇位継承した後光厳であるが、元天皇たちが解放されて次々と京都に帰ってくると、その立場は当然ながら微妙となる。『園太暦』によれば、延文《えんぶん》二年(一三五七)六月、祖母の広義門院が参内して光厳の言葉を天皇に伝えたという。後光厳が祖母から聞かされた父の言葉が何であったかは明記されないが、翌年八月の記事によれば、光厳と後光厳の関係は「すこぶる不快」だったとされる。光厳の意思がどのあたりにあったか、想像するのは困難ではなかろう。

後光厳はその在位中、三度にわたって南朝を称する足利一門の軍勢によって京都を侵され、

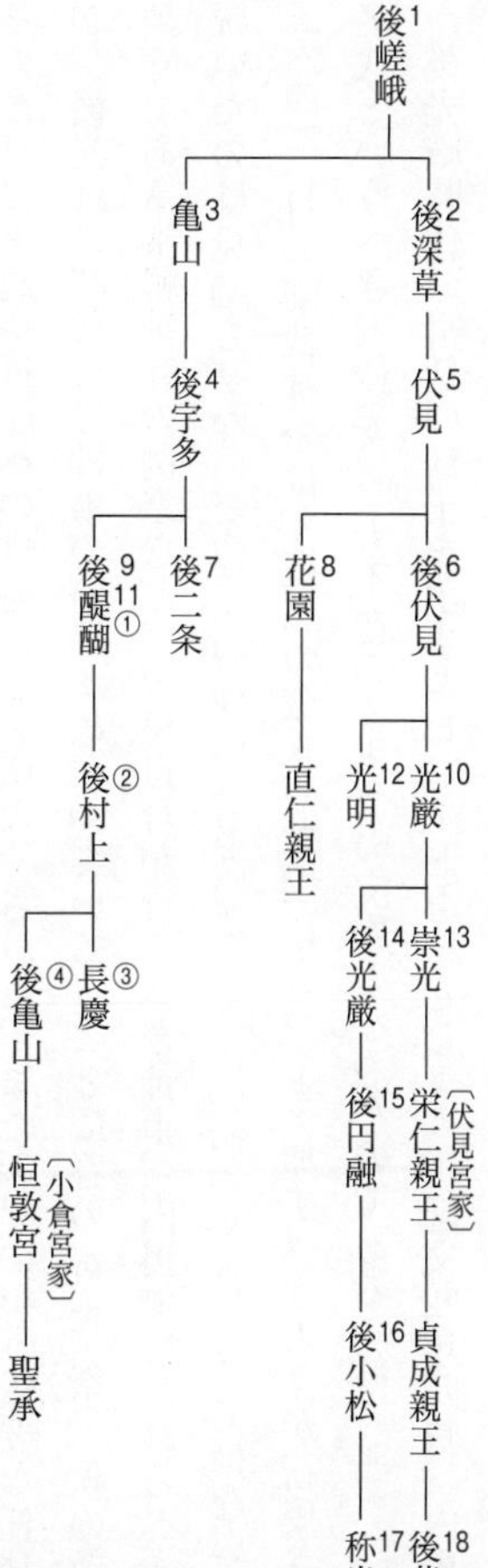

1, 2…は京都での皇位順.
①, ②…は南朝での皇位順.

図2-1　天皇家系図

そのたびに美濃や近江への逃避行を余儀なくされた。また天皇の担う重要な任務は神事であるが、後光厳の時代には神事の停滞がめだっている。ことに春の祈年祭《としごいのまつり》、秋の新嘗祭《にいなめさい》、内裏の鎮守である園韓神社《そのからかみ》の例祭など、天皇自身が行うべき神事、内裏で行われるべき神事の停止が続いたのは見過ごせない。停止の理由は財政難が大きいが、それだけではない。貞治《じょうじ》三年（一三六四）二月の園韓神祭は、担当の蔵人《くろうど》の怠慢によって参加すべき人々が召集されず、天皇の名代というべき内侍（女官）も不在のままでの実施となったのである（『師守記《もろもりき》』）。

後光厳時代の宮廷の様子を示すエピソードを紹介しよう。延文四年四月、内裏では蹴鞠会《けまりえ》が開かれた。鞠の蹴り手は天皇とその側近たちだったが、細川清氏《きようじ》、佐々木導誉《どうよ》はじめ多数の武士や将軍家の侍女たちまでが見物に訪れ、内裏の殿舎のあちこちに陣取って、蔀《しとみ》に穴をあけたり壁をよじのぼって欄間の隙間からのぞいたりして見物したという（『園太暦』）。

また貞治六年八月、内裏では天皇臨席のもと、国家安泰を祈る法会、最勝講《さいしょうこう》が営まれていた。ところがその二日目、参加していた延暦寺と興福寺の僧たちの間で些細なことから喧嘩が始まり、双方とも死者を出す騒ぎとなった。あろうことか、重傷を負ったまま紫宸殿《ししんでん》に逃げ込む者もあり、天皇の食事には血が飛び散り、天皇は冠を落としたという（『師守記』）。

このような天皇の権威の失墜というべき現象が起きていたのが後光厳宮廷である。戦乱の続いた直後という事情もあるが、廷臣たちの緊張感のゆるみを見れば、緊急避難で条件が整わないまま践祚《せんそ》した天皇が、危機の去ったのちもそのまま在位しているということに対する違和感が宮廷の内外を覆っていたことは否定できないだろう。

牛車に乗る将軍

応安《おうあん》四年(一三七一)、後光厳が退位して子の緒仁《おひと》親王が後円融《ごえんゆう》天皇となっても状況は変わらなかった。それどころか、皇位は当然自分の子が継ぐものと思っていた崇光法皇は強く抗議し、後光厳との仲は険悪になってしまった。密かに崇光に同情を寄せる公家もあった。

こうした事態に危機感をいだいたのが摂関家の二条良基《よしもと》である。良基が思いついた朝廷の起死回生策は従来の常識からすれば奇想天外だった。いまや政治的安定を確立しつつある将軍を公卿として宮廷社会に呼び込み、その威令と経済的支援によって朝廷の儀式と権威を復興させようとしたのである。

義満《よしみつ》の右近衛大将昇進が計画され、それに先立つ康暦《こうりやく》元年(一三七九)四月の参内にあたっては、義満から朝廷に金品の進物が贈られた。参内の日、綾錦《あやにしき》のような高級布地や金銀宝石で装飾された内裏の泉殿では明け方まで酒宴が続いたという(『後愚昧記』)。

さらに義満と後円融の親密さをアピールするために行われたのが、永徳《えいとく》元年(一三八一)三月の室町殿行幸である。この三か月前、幕府の新たな御所として室町殿が建設された。いわゆる花の御所(花亭)であるが、ここへの天皇行幸が行われたのである。後年の日本史上では、豊臣秀吉時代の後陽成《ごようぜい》天皇の聚楽第《じゅらくだい》行幸や、徳川家光時代の後水尾《ごみずのお》天皇の二条城《にじょうじょう》行幸が名高いが、武家への行幸はこの後円融の室町殿行幸が最初である。関白以下の公卿・殿上人たちを随行させた後円融は室町殿に五日間滞在し、その間、舞や蹴鞠の見物、詩歌会が盛大に行われた。この行幸のフィクサーである二条良基は「廃れるを興す今日の儀、いとめでたし」(『さかゆく花』)と天皇の権威の復活に満悦している。停止のめだっていた神事もまもなく再興されるようになった。

無論、天皇との親密な関係を築くことは義満にとってもメリットがあった。祖父や父が足利一門内での卓越した権威を確立できておらず、対立者たちが南朝の名を借りて反抗を繰り返したことは義満もよく知っている。天皇との親密な関係や宮廷社会での高位のポジションを獲得することは、自分自身の政治的位置を安定させるためにも有効と考えられた。良基の指導のもと、詩歌管絃や宮廷の煩瑣《はんさ》な有職故実《ゆうそくこじつ》を学び、公家としての教養も身に付けてゆく義満は、過去のどの将軍も得ることのなかった左大臣、太政大臣へと昇りつめていく。それまでの将軍ではありえなかったことだが、牛車にも乗るし、花押も公家風の形のものに変えていく(図2-2)。

こうした義満の公家化は、かつて「王権簒奪《さんだつ》計画」の発進と理解されたこともあったが、傷ついた天皇の権威の復興を図りたい朝廷側と、武家における足利家の圧倒的な権威の確立を図りたい義満側の意図が一致したところで実行されたというのが実際であろう。

こうして公武にわたる権威を獲得していった義満であるが、彼には忘れがたい苦い記憶があった。大名たち数万の兵に取り囲まれ、信頼する細川頼之《よりゆき》の罷免に追い込まれた康暦の政変である。義満はこの体験から、大名は強大になり過ぎないよう抑え込んでおくべきことを学んだはずである。

武家様　公家様

図 2-2　足利義満の花押

美濃の乱と明徳の乱

南北朝の内乱の過程で大名たちの淘汰は進んだが、一方で、一人で数か国の守護を兼ねる強大な大名も登場するようになっていた。その一人、美濃の土岐《とき》氏は鎌倉時代以来の有力御家人であり、尊氏以来、一貫して幕府に忠実であったが、土岐頼康《よりやす》は頼之排斥の中心人物となった。また美濃、尾張、伊勢という東西の結節点の守護を一手に収めている点も警戒された。頼康が没すると、義満はその後継をめぐる一族内の対立を利用し、明徳《めいとく》元年(一三九〇)、頼康の嗣子康行《やすゆき》を反逆者に仕立てて攻撃し、尾張、伊勢の守護を召し上げることに成功した。

さらに大きな脅威は山名《やまな》氏である。長く直冬《ただふゆ》党だった山名時氏《ときうじ》は、山陰に築いた勢力圏の保持を条件に幕府に帰順した。そして約束どおり、実力で勝ち取った山陰諸国の守護を確保したほか、新たに和泉《いずみ》や紀伊《きい》の守護職も得た。時氏は応安四年(一三七一)に死去するが、その一族の後継者たちは計十一か国もの守護職を保持した。しかし義満に警戒されるのは時間の問題だった。

明徳元年(一三九〇)、一族の間で対立が生じると、義満はたくみに彼らをあやつり、挑発に乗せられた山名氏清《うじきよ》・満幸《みつゆき》は明徳二年末に挙兵し、京都に攻め入った(明徳の乱)。氏清たちは父時氏が足利直冬をかついで京都を占領したときのことを思い起こし、同調する大名が現れることを期待していたが、将軍への反逆が共感を呼ぶような時代はすでに去っていた。京都西郊の内野、かつて平安京の大内裏があった場所で、山名軍は細川、畠山、斯波、大内氏らから成る幕府の大軍に大敗を喫し、氏清は戦死した。二、三千人の犠牲者が出たという(『常楽記《じょうらくき》』)。

なお、山陰を本拠とする山名氏への対策の過程で、瀬戸内や四国に勢力を張る細川頼之が京都に呼び戻され、政権に復帰している。

応永の乱

次の標的は西国である。九州の南朝方制圧に功績をあげて、九州探題だけでなく北九州四か国の守護職を得ている今川貞世《さだよ》は、今や義満にとっての脅威になっていた。

明徳三年(一三九二)、貞世の盟友だった頼之が没すると、義満は貞世を京都に召喚して解任した。一族が守護を勤める駿河での隠遁を余儀なくされた貞世は、その怒りを『難太平記』につづっている。

続いて西中国、北九州をおさえる大内義弘《よしひろ》が目をつけられた。義弘は貞世の九州制圧に協力したばかりか、明徳の乱では義満に協力し、乱後は山名氏に代わって和泉や紀伊の守護職も得たが、博多から和泉の堺までの海上交通ルートをおさえ、さらには独自に朝鮮と通交している勢威は義満に疎まれることとなった。応永《おうえい》六年(一三九九)、義弘は義満より上洛を命じられたが、貞世に対する処遇を知る義弘は応じず、堺に籠城した。義満は反逆と断じ、大名たちに命じて堺を攻撃させる。大内軍の防戦はすさまじかったが、幕府方の総力を挙げての戦いの中で義弘は戦死した。

こうして義満にとっての懸念であった強大な大名たちは次々と除かれていった(図2-3)。ただし、いずれの大名も滅ぼされたわけではない。守護職をもつ国が減じられる一方で、当主を交替させることによって大名としては存続させる方針がとられた。それぞれの地域において、すでに在地の武士たちに対する制御を実現しつつあった彼らは、幕府の安定した地方支配のために不可欠となっていたのである。大名たちがどのようにして、武士たちを制御下においていったのかは、次章で述べることとする。

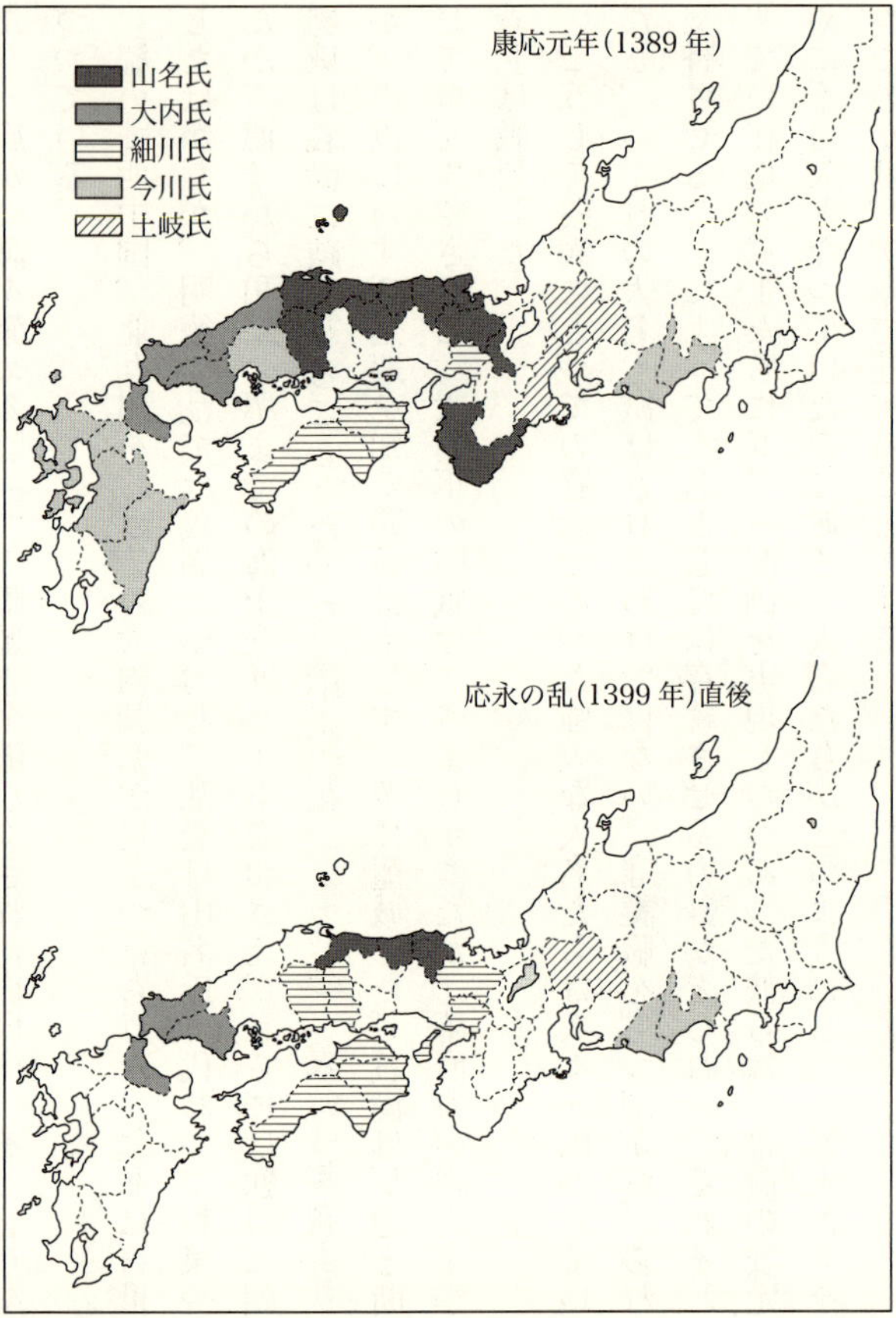

図2-3　守護の交替

また大内義弘は義満との決戦を前に鎌倉公方の足利満兼《みつかね》と通じ、満兼の京都攻撃を促していた。京都の幕府と鎌倉府の対立は室町時代を理解するうえでの重要なキーになるが、これものちに述べることとしよう。

乱ののち、大内氏がもっていた紀伊守護は畠山基国《もとくに》に与えられた。畠山氏は以前からもっていた越中、河内とあわせ三か国の守護となり、斯波、細川とならぶ管領家となっていく。

セレモニーとしての南朝攻撃

幕府でも朝廷でも着々と権力を確立させつつある義満にとって、次の課題は南朝をどうするかであった。少し時間をさかのぼって、南朝のありようを見てみよう。

直義との決戦をひかえた尊氏が、一時的に南朝に帰服した正平の一統が破れると、南朝軍は京都を退去し、その後は河内金剛寺(河内長野市)、摂津住吉社(大阪市)、大和賀名生《あのう》(五條市)と居所を転々と移していた。後村上《ごむらかみ》、長慶《ちょうけい》、後亀山《ごかめやま》の三代の天皇のもと、従う廷臣は近衛・二条両摂関家の一流のほか、北畠、吉田、阿野《あの》など、後醍醐側近の子孫たちが多かった。幕府から脱落した足利一門で南朝の名を借る者は次々と現れたが、南朝固有の武力としては、九州を別にすれば楠木一族くらいしか残っていなかった。

こうした南朝に対し、幕府は、延文四年(一三五九)末、関東から大軍を率いて上洛した畠山たとしている。

国清を主軍として攻勢をかける。『太平記』は、この攻撃は国清の次のような提案から始まっ

延文二年に尊氏様が亡くなり、世人は将軍と鎌倉公方の兄弟が不和になるのではないかと不安がっています。それを打ち消すには鎌倉公方が将軍に協力しているところを示さなければなりません。そのために鎌倉公方を支えている私が上洛して南朝を攻撃します。

『太平記』の粉飾はあろうが、尊氏に代わって幕府の新たな指導者となった義詮《よしあきら》にとって、武威を示しておく必要はあっただろう。その必要上から南朝攻撃が企図されている点に注目しておきたい。国清が上洛すると、義詮は後光厳から錦の御旗を得、自ら甲冑《かっちゅう》をつけて出陣した。攻撃軍は紀伊、河内などでいくつかの城を落とし、翌年五月、京都に「凱旋」したのである。

再び、南朝の本拠への攻撃が企図されたのは、細川頼之の時代である。応安二年・正平二十四年(一三六九)、南朝の武力の支柱である楠木正儀《まさのり》が、北朝=幕府に対する強硬な姿勢を保つ長慶天皇と対立して幕府に帰順してくると、同四年、頼之は正儀を支援する形で、南朝攻撃軍を河内に送りこんだ。軍の士気は低く、頼之は「憤怨の余り」に出家すると言い出したというが(『後深心院関白記《ごしんじんいんかんぱくき》』)、かえって頼之が南朝征圧を重視していたことがうかがえる。

これは幼い義満を戴いて発足したばかりの政権の武威を示す必要にかられての計画だったの

ではあるまいか。義詮が代始めに南朝攻撃を行ったのに倣ったものと思われる。頼之の意欲が先走った感もあるが、それでも幕府派遣軍による攻撃は続けられ、応安六年・文中二年には南朝の拠点金剛寺を陥れた。軍勢も広く集められたらしく、播磨《はりま》の矢野庄《やののしょう》では南朝攻撃のための野伏《のぶし》と人夫が徴発されている。

このように幕府による南朝攻撃は、将軍の代始めにともなう軍事セレモニー的な要素をはらんで行われていた。そのため徹底的な攻撃には至らず、ある程度の成果を収めると引き上げるということが繰り返された。

南朝の接収

しかし関東や九州も含めた全国支配が進んでくると、いよいよ南朝の接収が政治課題となってくる。南朝としてももはや武力的な余力はなかった。天皇が長慶から後亀山に交替すると、和平の交渉が始められる。明徳三年・元中《げんちゅう》九年（一三九二）、南朝と義満の間で両朝合体の条件が確認され、ついで後亀山天皇以下南朝の公家たちが京都に入った。

合体の条件は、①後亀山から北朝後小松天皇への「御譲国」の形式とすること、②今後の皇位には両朝の子孫が交替でつくこと、③諸国国衙領《こくがりょう》は後亀山の計らいとすることの三つであった。①が空手形だったことは、帰京した後亀山はすぐに気づくことになる。②については、後亀山に上皇号を贈ることにすら反対した北朝の公家たちが認めるはずもなかった。応永十七年

(一四一〇)、後小松が自分の子躬仁《みひと》親王(のちの称光《しょうこう》天皇)に譲位する意志であることを知った後亀山は、怒って吉野へ出奔する。これがきっかけとなって、伊勢では北畠親房《ちかふさ》の子孫、満雅《みつまさ》が挙兵することになる。

③は微妙である。当時、諸国の国衙領は特定の公家や寺社の知行国となっており、義満といえども容易に変改できるものではなかった。帰京した後亀山は、越前、因幡《いなば》、若狭《わかさ》、紀伊の国衙領を獲得した模様であるが、紀伊は南朝の地盤であり、越前、因幡、若狭はかつて後醍醐やその母の知行国だった国である。南朝に由緒のある国衙領だけは保証されたともいえるわけで、義満としては実現可能なことは果たしたという思いだったのではあるまいか。

ともあれ二つの朝廷が存在した時代は終わった。ただし、将軍への不満分子が南朝をかついで挙兵するという内乱期に繰り返された謀反の構図は、規模を縮小しつつもこののちも完全には消えず、事あるごとに幕府を悩ませる種となる。

2 公武一体の時代

室町王権

山名一族の力を大幅に削減した明徳の乱ののち、義満と次の義持《よしもち》の時代は、いくつかの地域的な紛争はあったものの、畿内にまで及ぶような戦乱はなかった。安定した時代であることは当時の人々の認識のうちにも存在していた。天皇との緊密な関係を築き、かつ足利一門を含む武士集団のなかでの卓越した地位をも確保した義満とその後継者たちは、鎌倉幕府の将軍や、同じ室町幕府でも尊氏や義詮のもちえなかった権能を行使するようになる。

細川頼之の執政期に、一国平均役の課税などの国家的統治権を幕府が獲得していったことはすでに述べたが、義満は、さらに公方《くぼう》の人格と結びついた国家的権限を発揮するようになる（図2-4）。

図2-4　足利義満

公家や大寺社の荘園領主としての地位を保証することは、鎌倉時代には治天の君（院政を行う上皇、もしくは親政を行う天皇）のみが行いうる権能であった。ところが、義満は「家門安堵」「惣安堵」という形で、公家や大寺社が本家としてもつ所領を安堵するようになる。鎌倉幕府の将軍の所領安堵権が、主従関係にある御家人の所領安堵に限定されていたのとはまったく異なる。また大寺社に対しては国家的な祈禱命令が出されるようになった。

　このように義満やその後継者たちは、従来の治天の君に相当する権能を獲得したといえる。ただし重要なのは、彼らの権能は征夷大将軍であるがゆえに発揮されるわけではないという点である。義満は将軍職を子の義持に譲って出家したのちも、右記の権限を行使し続け、義持がこの権限を発揮するのは義満の没後のことである。義持もまた、子の義量《よしかず》に将軍職を譲ったのちも、さらには義量が早世して将軍が空位となった時期にも、引き続いてこの権限を行使している。

　この権限をもつ為政者は、当時の史料のうえでは「室町殿」とか「公方」と呼ばれているが、その権限は征夷大将軍や大臣などの官職に基づくのではなく、弱体化した北朝の天皇との関係を強め、その権能の一部を代替することによって獲得された権力とみることができよう。その地位は将軍とイコールではなく、まさに「室町殿」「公方」としか呼びようのないものなのである。そうした室町殿の権力を、研究者は「室町王権」と呼んでいる。

公家を従える

　義満の官位昇進についてはすでに述べたが、続く義持や義教《よしのり》らの公方も大臣にのぼり、多くの朝廷儀式を主導した。それだけではない。彼らは多くの公家たちと主従関係を結び、彼らを自分の家礼《けらい》(従者)に位置づけた。

平安後期以後、公家社会に家産と家格が継承されるイエが成立してくると、摂関家のような上級公家と中下級公家の間には主従関係が結ばれるようになる。主従関係といっても、複数の主家をもつ場合もあるので、武家社会における主従関係とは異なるが、それでも家礼(従者)となった者は、主家の主《あるじ》が朝廷の行事で重要な役割を勤めるとき、その補助役を勤めたり、主家の私的な行事に奉仕したりした。また主家は、家礼となった者に家領荘園の管理権(領家職)を給したり、官位昇進の推薦を行ったりしていた。義満は、公家社会のこうした慣行を利用して、公家たちを次々と家礼とし、必要に応じた形で役職に登用し、ひいては公家社会の全体を従えていったのである。

義満が打ち立てたこの方針は義持や義教にも引き継がれた。もっとも個々の公家と室町殿とのかかわり方にはさまざまな形がある。具体的な例をいくつか紹介しておこう。

まずは公式に制度化されたものとして、公方と天皇・上皇の間の連絡役を事とする伝奏《てんそう》があげられる。この役目は鎌倉時代の関東申次《かんとうもうしつぎ》に相当し、もっぱら西園寺家が果たしていたのだが、義満の時代以後は、裏松《うらまつ》、広橋《ひろはし》、勧修寺《かじゅうじ》、万里小路《までのこうじ》など、「名家《めいか》」と呼ばれる中位に属する家格の公家が任じられることが多かった。「名家」とは、蔵人、弁官を経て公卿に昇っていく家格で、その職責上、さまざまな様式の文書を作成することに通じていた。通常は大納言まで昇進し、まれに内大臣に至ることがあった。

御台の実家

名家のうちでも特に取り上げねばならないのは、義満以後の代々の公方の正室(御台《みだい》)を出したことで知られる裏松家である。裏松家は藤原北家日野流の一家で、南北朝期の資康《すけやす》に始まる。

この裏松家と足利家の関係が生じたのは後光厳朝である。天皇、上皇、東宮が南朝に拉致された宮廷では主要な女房たちさえもいなくなってしまった。その中で後光厳の身辺をささえた人物に、後光厳の乳母で、資康のおばにあたる宣子という女性がいる。後光厳の後宮選定にあたって力を発揮したこともあったが、この宣子が姪にあたる業子《なりこ》を義満の正室に斡旋したのが、足利家と裏松家の関係の始まりである。

※裏松家は、しばしば「日野」の名で言及されるが、日野本家とは別の家である。以下では、区別するために「裏松」と呼んでおく。ただし、のちに日野本家は絶え、裏松家が日野の家名を継ぐので、勝光《かつみつ》・富子《とみこ》兄妹以後は「日野」でよい。

その後の両家の婚姻関係は図2-5のとおりであるが、裏松家は男性も女性も、もろもろの公家から公方への願い事の口添え役として期待されることも多かった。そのためさほど高い家

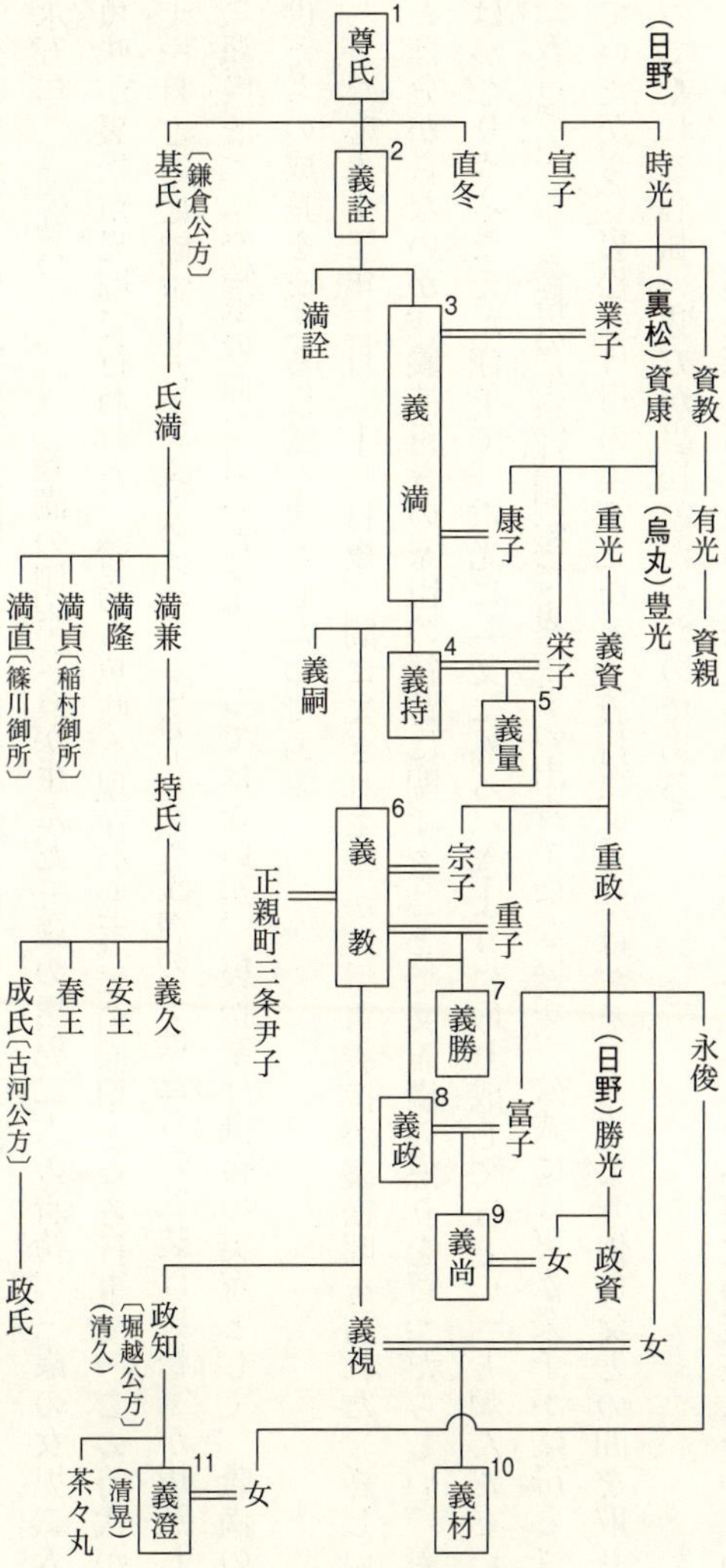

図 2-5　足利氏と裏松家系図

格ではないにもかかわらず、室町時代の公家社会で大きな権勢をふるったのである。

公方の姻戚という特殊な位置により、他の公家には見られない働きを示すこともあった。応永五年(一三九八)十一月、義満の側室たちが生んだ五歳の男児二人の着袴、三歳の女児二人の魚味《ぎょみ》が裏松重光《しげみつ》邸で行われた。着袴《ちゃっこ》も魚味も現在の七五三の原型となる行事で、この時代から十一月ごろに固定したようであるが、このとき、義満の子供たちの衣装は裏松家が用意した(『迎陽記《こうようき》』)。裏松家の血を引いた子供たちではないが、裏松家は御台の実家として、義満の子供たちの成長を支える役割を果たしたのである。

また応永十三年三月二十八日夜、闇にまぎれて密かに将軍義持が裏松邸を訪れた。詳しいことは分からないが、義持付きの家臣の行跡に関することで父義満の怒りを買ったらしい。義持はかなりうろたえた様子で、重光に「父に然るべきように取り成してほしい」と頼んだという(『教言卿記《のりとききょうき》』)。義持の生母は側室で裏松家の出身ではないが、公式には裏松業子が嫡母とされていたから、裏松家は母の実家となる。義持にとってはおそらく鬼より怖い父との間を取り持ってくれる心強い味方が裏松家だったのであろう。

このように、裏松家は室町殿の私的生活が成り立っていくうえで不可欠の存在になっていたのである。

側近公家の任務

永享四年(一四三二)、時の公方義教は富士見物のために駿河まで下向した。この旅行の政治的意味については後述するが、大名や奉公衆《ほうこうしゅう》たちに交じって三人の公家が同行した。正親町三条実雅《おおぎまちさんじょうさねまさ》、高倉永豊《ながとよ》、飛鳥井雅世《あすかいまさよ》である。実雅は義教の妻の兄である。公方の閨房への裏松家の介入を嫌悪する義教は、裏松家に決められた最初の御台宗子《むねこ》を廃して正親町三条尹子《ただこ》を新たな御台とし、兄ともども重用したのである。

あとの二人のうち、永豊の高倉家はもともと朝廷の衣紋を管理することを家業としている。公家たちが着用する衣装には束帯《そくたい》、衣冠《いかん》、狩衣《かりぎぬ》、直衣《のうし》などいくつも種類があったが、それを実際に着用するにあたっては、官職は何であるか、どの儀式であるか、季節はいつであるかなどによって色、文様、織り方、着方、さらには被り物や太刀の合わせ方に至るまで、細かな約束事があり、決まりや先例に反することは恥ずべきこととされていた。そうした衣装に関する有職故実の知識を蓄積していたのが高倉家と山科《やましな》家である。

室町時代には山科家が天皇家の衣紋を担当したのに対し、高倉家は足利家の衣紋を担当していた。被り物も扱っていたために公方の髪を調えることも高倉家の任務で、そのために高倉家の当主たちは常に公方に近侍することになる。彼らは朝廷に出仕することはほとんどなく、日々幕府に出仕し、公方が参詣などで外出するときにも必ずそれに同行している。義満以来の公方からの信頼も厚く、正月や大小の吉事で幕府を訪れた公家や僧侶たちを公方の御前に案内するのも彼らの仕事であった。

雅世の飛鳥井家は鎌倉時代以来、幕府との関係の深い歌道家であるが、宮廷歌壇で重視されるようになるのは義満の時代である。藤原定家《さだいえ》の血を引く二条家が不祥事によって断絶し、代わって飛鳥井雅縁《まさより》が抜擢された。公家社会をも率いていかねばならない公方にとって、歌の道の習得は必須であり、雅縁は歌の師匠として義満の指導にあたったのである。

しかし飛鳥井家に求められたのはそれだけではなかった。富士旅行に同行した雅世の作歌を見てみよう（『富士紀行』）。

まずは京都の出口である逢坂《おうさか》の関にて。

　思ひたつ心もうれしたひ衣きみが恵にあふさかのせき

　（旅立つと思う心の嬉しさ、これも公方さまの恵みに逢えてのこと）

三河の矢作《やはぎ》にて、矢を作るという地名にかけて。

　我君の治れる代はあづさ弓ひかぬやはぎのさとにきにけり

　（公方さまの御代はよく治まり、弓を引くような戦はありません）

三河と遠江《とおとうみ》の国境付近にて、道が整えられているのを見て。

民やすく道ひろき世のことはりも猶末遠くあらはれにけり
（民が安心し、正道がかなう世の中は末永く続くことでしょう）
富士を間近に見て。
富士のねの山とし高き齢をも君まちえてや今ちぎるらむ
（富士の山ほども高い私の齢、公方さまに会えて生まれた甲斐があったというもの）
帰路、近江の武佐《むさ》宿まで戻ってきて。
わが君の御代をおさむる武者の名を聞《きこゆる》里もしづか也けり
（公方さまの治める武者の御代と同じように、武佐の里も静かにおさまっています）

紹介するほうが赤面するほどの追従歌であるが、室町殿の治世への賛歌をつくること、それが彼らに求められた役割だったのである。この数年後、雅世は義教の発案のもと、最後の勅撰和歌集『新続古今和歌集《しんしょくこきんわかしゅう》』の撰者となり、名実とも室町歌壇の頂点に立ったのである。

高倉家といい飛鳥井家といい、公方が公武を睥睨《へいげい》するに恥じないよう、公家流の知識によってその外見をコーディネイトするのが任務だった。こうした人々の勤勉によっても公方の権威は支えられていたのである。もっとも雅世の撰した『新続古今和歌集』の選歌は義教への追従が過ぎたようである。義教側近たちの作歌を次々と選んだところ、肝腎の義教は「なぜ、こんな初心者の歌が選ばれているのか」とすこぶる不興であったことも付け加えておこう(『満済准后日記』)。

公方を荘厳する法要

公方を権威づけるために動員されたのは公家だけではなかった。宗教者もまた動員された。とりわけ尊氏をはじめとする歴代将軍の法要は、室町殿の厳かなる権威を公武の人々に示す絶好の機会であった。

当初、尊氏や義詮の法要は遺族や武家の人々を中心に行われていたが、細川頼之は応安六年(一三七三)十二月末、義詮七回忌のための追善法要を安楽光院《あんらくこういん》で営んだ。安楽光院は持明院統天皇家の菩提寺であり、天皇やその近親以外のための法要が行われたのは初めてである。こののち安楽光院で足利家の法要が行われることはなかったが、頼之は義詮の法要を天皇の追善仏事に準じるものとして行うことを意図していたと思われる。この意図は義満に受け継がれる。

永徳元年(一三八一)、義詮追善のための法華八講が、蔵人が奉行を勤め、公卿・殿上人三十五人が参加して営まれた。足利家の仏事が朝廷の行事のごとく執行されたのである。

さらに明徳元年(一三九〇)閏三月、京都相国寺《しょうこくじ》で尊氏の三十三回忌法要が盛大に営まれた。室町幕府は鎌倉幕府にならって臨済寺院の寺格を決めた五山十刹《じっせつ》制度を定めたが、相国寺は鎌倉時代の亀山法皇開基の南禅寺と、後醍醐天皇の菩提を弔うために足利尊氏が建立した天龍寺に次ぐ位置にあたる。のちには寺内に歴代室町将軍の菩提所が立ち並ぶことになる足利家の菩提寺であるが、義満は祖父の三十三回忌にあたり、ここに四箇大寺《しかだいじ》、すなわち興福寺、東大寺、延暦寺、園城寺の僧侶を集めて法華八講の形式で法要を執り行わせた。

法華八講とは、命日を結願日とする五日間にわたって法華経八巻を講じるもので、先祖供養の仏事として公家社会では平安時代以来、広く行われてきたものである。義満はこの法華八講を相国寺での尊氏追善法要に取り入れたのである。

動員された寺院はいずれも平安以来、国家護持のための寺院とされてきた寺々である。しかも朝廷の行事と同様に上卿（担当の公卿）や奉行弁《ぶぎょうのべん》が置かれた。また出席者としては義満を筆頭に、関白・大臣以下の公卿・殿上人が居並んだ。つまり本来は足利家の私的行事である尊氏三十三回忌が天皇のための法要なみの国家的行事として執行されたのである。僧侶や公家が続々と集まっていく希代の法要に、都のほとりから相国寺のある洛中の一条あたりまで、見物の男女が満ち溢れたという（『わくらはの御法』）。法要は洛中洛外の一般民衆にとっても驚目のスペクタクルだったのである。

禅寺で南都仏教と天台宗の僧侶による法要が営まれるという異例の仏事であったが、この形式はこののち常態化し、会場を相国寺から北山殿へ、さらに尊氏の菩提所等持寺《とうじじ》へと移動させながらも、毎年、先代公方の忌日にあわせて法華八講が行われることになる。大田壮一郎によれば、十五世紀後半、この法要では尊氏の甲冑姿の画像が掲げられていたという。南都北嶺の僧侶が、参列する公家たちとともに尊氏の画像に首を垂れるというこの仏事は、応仁《おうにん》の乱中の中断をはさんで、十五世紀の末まで続けられた。

朝廷仏神事の復興

一方で、幕府は朝廷の旧来の国家的宗教行事を支援することも忘れてはいなかった。応安三年(一三七〇)、幕府は北朝をささえて神泉苑《しんせんえん》の修復を行う。神泉苑は平安遷都以来、雨乞いの聖地とされてきた場所である。現在の二条城周辺に南北五〇〇メートル、東西二五〇メートルの大きな泉池をもつ場所であったが、南北朝の争乱によって荒廃し、窮民の住み処となっていた。頼之の執政期、幕府は北朝に協力し、山城国から一軒あたり百文の棟別銭《むなべつせん》を徴収することによって、ここを聖地として復興させている(「醍醐寺文書」)。

また平安初期以来、朝廷では毎年正月、大内裏の真言院で国家護持の重要仏事として後七日《ごしちにちの》御修法《みしほう》を行っていたが、この真言院も南北朝期になると風雨によってたびたび被害を受け、荒廃していた。応永二十年(一四一三)の例では、足利義持はこれを大名たちの出銭によって修繕させている(『満済准后日記』)。また修法自体にかかる経費も大名たちから供出させていた。朝廷の行う宗教行事も、財政的には幕府の丸抱えとなっていったのである。

公方と公家や宗教の関係を紹介してきたが、幕府の政務の中心を担っているのは無論武士である。室町幕府の中枢の政務がどのように行われていたのかを見ておこう。

公方と大名

室町幕府が地方支配のために鎌倉幕府と同様に守護を置いたことはすでに述べたが、内乱が終息したのちまで生き延びた守護家は、足利一門(斯波、畠山、細川、山名、一色、渋川、今川)、鎌倉期以来の当該地域での有力者(京極、土岐、大内、河野、大友、菊池、島津、宗、武田、小笠原、佐竹、千葉、宇都宮)、足利氏との緊密な関係をもつ者(上杉、赤松)に大別できる。

室町幕府の守護が前代と大きく異なるのは、九州と東国の守護を除き、守護の在京制がとられたことである。右にゴチックで示した大名は日常的に在京し、管領や侍所頭人《さむらいどころとうにん》を勤めて幕府政治の中枢に参画した。当時の呼称では相伴衆《しょうばんしゅう》と呼ばれ、ほかの外様《とざま》とは区別されていた。彼らはそれぞれの分国に守護所をおく一方で、京都にも守護館を構え、重臣や奉行人たち家臣を常駐させていた。

強力な指導力を発揮した義満が没し、義持が公方になると、在京の大名たちは、義持の諮問に応じて集まり、審議を行うことがあった。この会議を研究者は大名衆議《しゅうぎ》と呼んでいる。諮問される事項は、軍事発動や、伊勢神宮の遷宮のように巨額な経費のかかる造営事業など、諸大名に負担を求めねばならない問題であった。

大名衆議　大名たちの衆議がどのように行われたか、義持期の具体的な例を紹介しておこう。

応永三十年(一四二三)七月、幕府と鎌倉府の関係は険悪となっていた。関東では、応永二十三年に前関東管領上杉氏憲《うじのり》(禅秀《ぜんしゅう》)が鎌倉公方足利持氏《もちうじ》に対して謀反を起こすという事変(上杉禅秀の乱)があった。二か月後に氏憲は敗死するのだが、事後も、持氏は氏憲に加担した武士を執拗に追及し、攻撃を加えていた。攻撃された中には京都の幕府から直接保護を受けている者(京都扶持衆《ふちしゅう》)もあった。持氏に対する対応をどうすべきか、義持は大名たちに諮ることとした。

管領畠山満家《みついえ》邸に集まった大名たちに対し、義持の意思は、将軍護持僧で信頼の篤い醍醐寺座主満済《まんさい》によって披露された。

「このたびの持氏の振舞いはもってのほかである。先日使いを関東に下すことにしたが、もはやそれも意味があるまい。京都扶持衆を助けるべきと思うが、どうか。」

この諮問に対し、管領は大名たちの意見を取りまとめて「仰せのとおりです。いまさら使者を遣わしても無駄です。扶持衆たちそれぞれに、幕府は応援しているという旨の御教書《みぎょうしょ》を送るのがいいでしょう」と回答している(『満済准后日記』)。

義持の意向を大名たちが追認しただけにも見えるが、大名たちの意見を聴取する仕組みがあったという点は重要である。大名たちの合意を得ているという形をとることによって、公方の意思は正当化され、強力な執行が可能となったのである。義教の時代になると、大名たちが会議を開くのではなく、公方から各大名に個別諮問する形式へと変更していくが、大名たちの意見を聴取する仕組みは依然として確保されていた。

大名たちが結束して公方の意思を牽制する場面もあった。応永三十年、播磨など三か国の守護赤松満祐《みつすけ》が、一族で義持側近の赤松持貞《もちさだ》の讒言《ざんげん》によって解任されかかったことがあった。このとき大名たちは一致して持貞の排斥に動き、満祐を窮地から救い出している。義教の執政初期にも、大和で起きた国人同士の戦闘への出陣を望む義教に対して、大名たちは説得にあたり、思いとどまらせている。

このような公方と大名が緊張感をもちつつも協力しあう仕組みが、少なくとも義教執政期の前半までは機能していた。こうした仕組みの重要性を公方が忘れたとき、どのような結末になっていくかは第四章で述べよう。

室町幕府の場所　室町幕府がどこにあったかご存じだろうか。建武の新政期に京都に入った尊氏・直義は、それぞれ後醍醐の内裏に近い二条高倉邸と三条坊門邸を居所とした。直義の失脚後、三条坊門邸は義詮の居所となり、以後、ここが足利家にとって重要な邸宅となる。現在の京都の御池通《おいけどおり》の南側、烏丸通《からすまどおり》と河原町通《かわらまちどおり》の中間あたりである(図2-6)。

一方、義満は永和四年(一三七八)、北小路室町に新たな御所を造営する。現在烏丸通と今出《いまで》川通《がわどおり》の交差する角の北西の一画、同志社大学の向かいあたりである。北朝の内裏が土御門《つちみかど》内裏(現在の京都御所と同じ場所)に定まったことへの対応と思われる。この新御所には、もと崇光上皇の住んだ「花御所」や今出川家の「菊亭」があったが、二つの区画をあわせて幕府の拠点を設けたのである。新御所も「花御所」「花亭」と呼ばれた。西面に設けられた正門は室町通に面していたため「室町殿」とも呼ばれた。もちろん、これが室町幕府の呼称の由来である。

義満は、将軍を辞したのち、さらに洛北衣笠山《きぬがさやま》の麓の西園寺家旧宅跡に北山殿を築き、応永十五年に没するまで、ここで政務を行った。贅《ぜい》を凝らした殿舎が立ち並び、「極楽浄土も及ばない」と賞された庭をもち、後小松天皇行幸や、明使《みんし》との対面なども行われた場所であったが、その死後は舎利殿《しゃりでん》(金閣)など二、三の建物を残して解体された。

その後の後継者たちは、義持は三条坊門御所(下御所)、義教・義勝は花の御所(上御所)に住んだ。義政も、少年期には母の実家一門の烏丸邸に住んだが、のちに花の御所に移り、応仁の乱に至る。

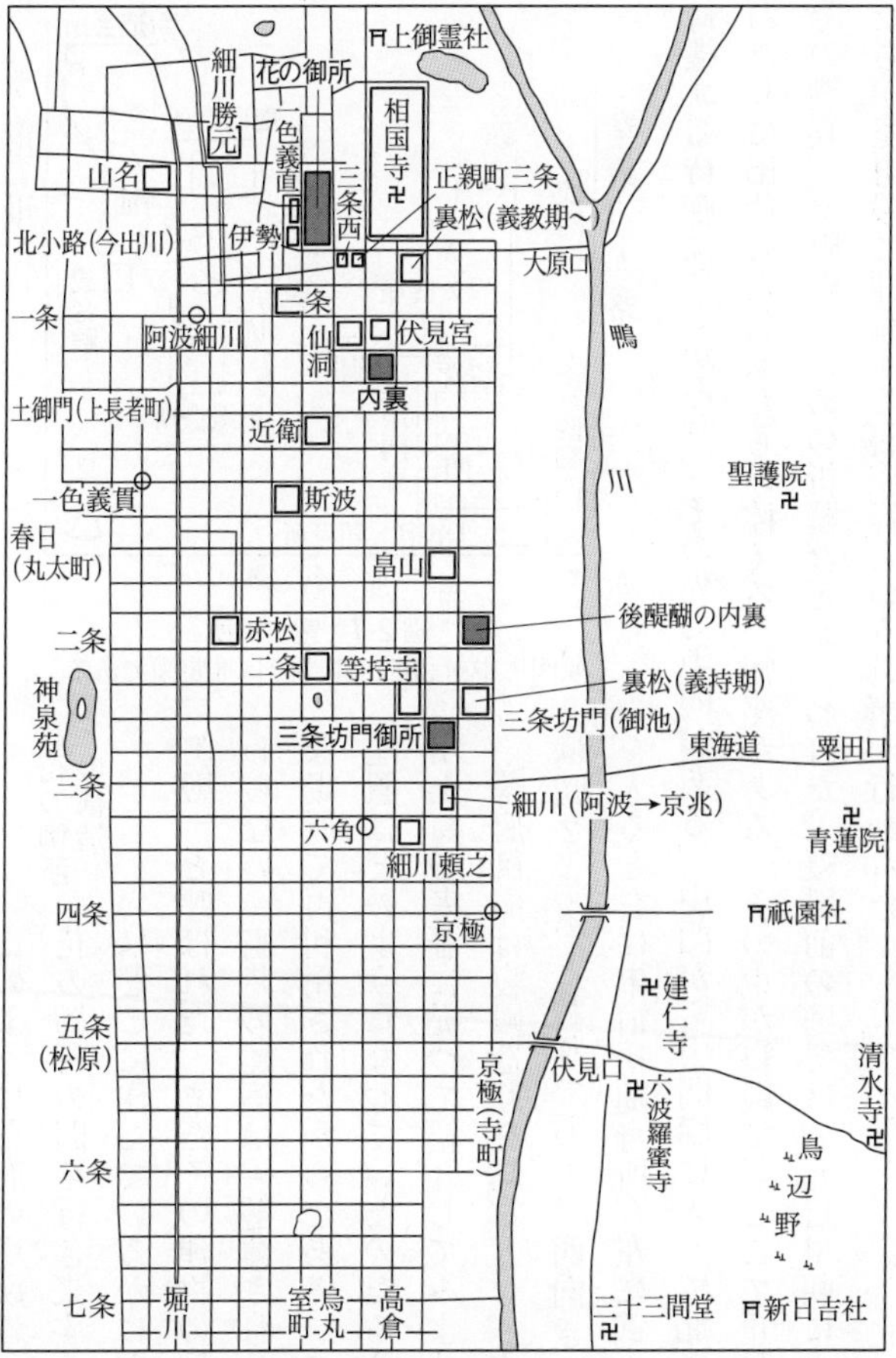
上御霊社
花の御所
細川勝元
相国寺
一色義直
三条西
正親町三条
裏松(義教期〜)
山名
伊勢
北小路(今出川)
大原口
一条
阿波細川
仙洞
伏見宮
内裏
鴨
土御門(上長者町)
近衛
川
聖護院
一色義貫
斯波
春日
(丸太町)
畠山
後醍醐の内裏
二条
赤松
二条
等持寺
裏松(義持期)
神泉苑
三条坊門(御池)
三条坊門御所
東海道
粟田口
三条
細川(阿波→京兆)
六角
青蓮院
細川頼之
四条
祇園社
京極
建仁寺
五条
(松原)
伏見口
京極(寺町)
清水寺
六波羅蜜寺
六条
鳥辺野
七条
堀川
室町
烏丸
高倉
三十三間堂
新日吉社
図 2-6　室町時代の京都

このように幕府の場所は三条坊門御所と花の御所の間を行き来するが、幕府の主《あるじ》はどこに住んでいるかにかかわらず「室町殿」と呼ばれた。またその建物の配置はあまり変わらない。当時の建築は、解体されると部材は新たな場所で再利用されたからである。ではその建物の配置はどのようになっていたのだろうか。建築史家川上貢の考証に従って紹介してみよう。

花の御所の構造

幕府御所は寝殿造りを基本とし、主殿部分の構造は図2-7のとおりである。西向きの正門(四脚門)を入ると右に車宿や随身所、左に武士や僧侶たちの

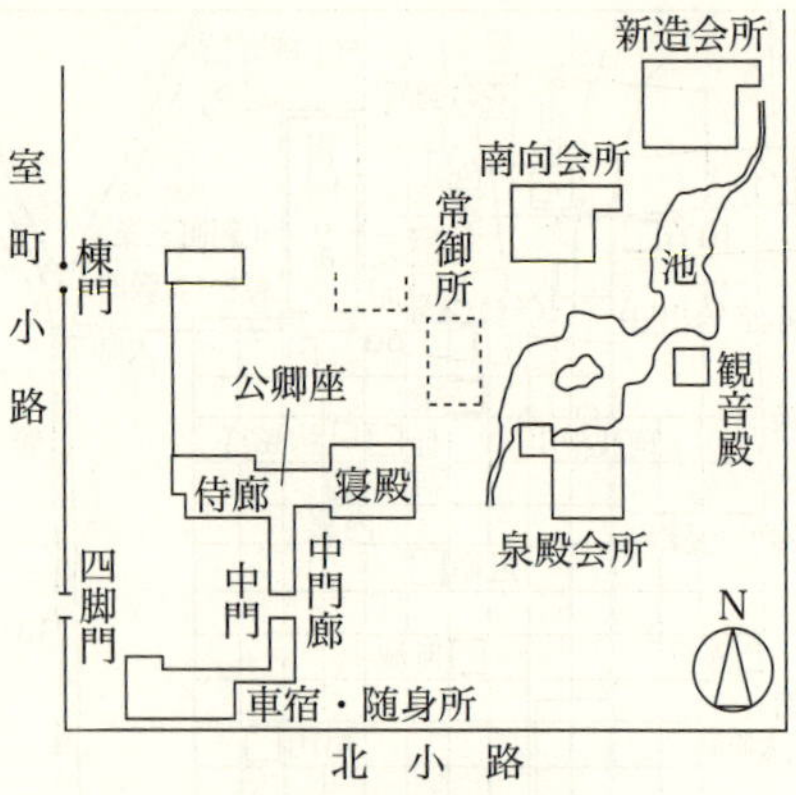

図2-7　室町御所
原図・中村利則．東半分は推定図である．

待機する侍廊(殿上《てんじょう》)があり、その先に中門がある。中門から中門廊に入って北に進むと、突きあたりに出仕した公家たちの控える公卿座がある。その東が寝殿で、ここで正月行事や行幸の際の饗宴、室町殿のための祈禱などが行われた。寝殿前の庭では、元日早朝に大臣以下の公家たちが室町殿に拝謁する親族拝という行事が行われた。

寝殿の中心部には厳重に区切られた小部屋があって、足利家累代の重宝である「小袖《こそで》」という鎧《よろい》と、「篠作《ささづくり》」「抜丸《ぬけまる》」という二振の太刀《たち》が格納されていた。「小袖」は源氏の英雄、八幡太郎義家が着用していたとの伝承をもち、尊氏も着用した鎧である。「篠作」は直義が所持していたもの(図2-8)、「抜丸」は平家伝来の名刀だったが、平家の遺領を相続した久我家を経て、義満が入手したものとされる。武門の棟梁である源平二氏の「神器《レガリア》」を足利家は受け継ぎ、花の御所の中心に安置していたのである。

図2-8　笹丸
「篠作」と伝えられる．足利義昭が豊臣秀吉に譲り，秀吉が愛宕神社に奉納した．

寝殿の東には常御所《つねのごしょ》が続き、ここが室町殿の日常の執務の場である。日々の大名や公家たちとの面会もここで行われ、御対面所とも呼ばれていた。さらにその東に会所があった。会所は特別な場合の客人との対面の場であり、また和歌会、連歌《れんが》会、茶会などの開かれる場でもあった。会所は複数棟あり、いずれも園庭に面していた。

残念ながら会所や園庭を描いた図面や絵画は残されていないが、訪れた禅僧たちの漢詩から、橋の架けられた池があり、その周囲に二階建ての観音殿、泉殿、持仏堂、東屋《あずまや》などが配されていたと推定されている。三条坊門御所を訪れた伏見宮貞成《さだふさ》親王は、「山水のすばらしさには言葉もない。極楽世界の美しさもこのようか」と感嘆している(『看聞日記《かんもんにっき》』)。

御台ら女性たちや子供たちの生活の場は小御所《こごしょ》と呼ばれた。三条坊門御所と室町御所では多少位置が異なっていたようだが、寝殿もしくは会所の北方に塀で囲まれた区画として存在していたらしい。いわば大奥にあたる空間で、出入りできる者は御台の近親者などに限られていた。

こうした構造をもった幕府御所は、文明八年(一四七六)、応仁の乱の戦火で炎上するまで存在した。

公武の交流

幕府御所の様子を紹介してきたが、幕府の政務はどこで行われていたのかと疑問をもたれたかもしれない。日常的な政務が行われていたのは幕府御所ではない。財政、裁判などの事項はそれぞれの担当者の私宅で行われていた。大名たちの合議が開かれる場合には、時の管領邸で行われていた。洛中の治安を預かる侍所の業務はその頭人の私宅で、財務関係のことがらは政所《まんどころ》執事の伊勢氏の私宅で処理されていた。幕府に持ち込まれる訴訟を扱うのは飯尾、松田、斎藤などの奉行人家であるが、その処理も基本的には管領邸やそれぞれの私宅で行われていた。幕府御所の周囲にはこうした人々の屋敷が点在していた。いうなればその全体が幕府なのである。

花の御所の場合は内裏、仙洞《せんとう》（上皇の御所）とも近く、大名や奉行人たちの武家屋敷は公家屋敷と混在していた。こうした公武の集住する環境の中で、相互の私的な交流も活発となっていく。

公武の交流を端的に示すのは婚姻である。『太平記』は高師直《こうのもろなお》が前関白二条道平《みちひら》の妹を盗み出して側室にしたことを記している。これは犯罪的行為をともなったものとして批判的に描かれているが、公武間の婚姻自体はやがて珍しくなくなる。

たとえば北朝の太政大臣洞院公賢《とういんきんかた》の側室の一人は尊氏の近習波多野《はたの》氏の娘だった。後光厳朝に仕えた勧修寺経重《かじゅうじつねしげ》の娘は山名義理《よしただ》（紀伊・石見《いわみ》守護）の妻となって教清《のりきよ》（のちの美作《みまさか》守護）を生んだ（『仁和寺《にんなじ》文書』）。細川頼之、山名氏清の妻はともに中納言持明院保冬《じみょういんやすふゆ》の孫娘だった（『尊卑分《そんぴぶん》脈《みゃく》』）。義満の時代に伝奏を勤めた広橋仲光《なかみつ》の妻は阿波《あわ》守護細川家の出身であったらしい（『兼宣《かねのぶ》公記《こうき》』）。同じころの右大臣今出川実直《いまでがわさねなお》の妻は安芸《あき》守護武田氏、大納言中山親雅《ちかまさ》の妻は美濃《みの》守護土岐氏の出身だった（『尊卑分脈』『薩戒記《さっかいき》』）。同様の例は時代が下ればさらに増える。

以上は守護クラスの大名と公卿クラスの公家の通婚であるが、朝廷で文書作成や財政の管理にあたる実務系の官人たちを見ると、武家との間に独自の通婚関係が結ばれていた。

南北朝期に長大な日記を残した中原師守《もろもり》の妻は伊賀新居庄《にいのしょう》の出身だった（『師守記』）。地元の土豪の一族であろう。室町中期にやはり長大な日記を残した中原康富《やすとみ》は母が摂津の土豪三宅《みやけ》氏、妻は近江田上、息子の妻は尾張の弱小奉公衆山下氏の出身である(『康富記』)。また婚姻ではないが、儒家清原氏の一族は摂津の土豪富松氏から、実務官人小槻長興《おづきながおき》は出雲《いずも》の国人佐波《さば》氏から養子を迎えている(『康富記』『長興宿禰《ながおきすくね》記《き》』)。

地方の中小武士たちもこの時代には奉公衆として、あるいは守護の家臣として在京する時間が多かったので、京都の人々との接点は多かっただろう。公卿に昇ることのない実務系の公家たちは、こうした武士たちと縁組みの関係を作っていたのである。

こうした状況は、当時の社会の中に、公家、武家を貫く家格意識が生まれていたことを示している。これは婚姻だけにとどまらない作用を及ぼす。

公武「貴族社会」の成立

再び花の御所に目を向けてみよう。義教の時代、花の御所の中の常御所では二十人ほどを集めて、月例の連歌会が開催されていた。そこには山名時熙《ときひろ》、赤松満祐らの大名たちに交じって二条持基《もちもと》、一条兼良《かねよし》、三条西公保《きんやす》らの公家も加わっていた。また歌作に長けていない大名たちもその場には同席し、また終了後の宴会では正親町三条実雅、高倉永豊ら将軍側近の若い公家たちが会の介助をしていた。まさに公武一体の社交サロンである。

連歌会は御所の外に出かけて行われることもあった。永享四年(一四三二)の春、洛東の華頂《かちょう》で花見を兼ねた連歌会が開かれた。義教のほか、摂政二条持基ら公卿、三宝院満済ら諸門跡、さらに義教正室尹子以下の女性たちの乗った牛車が連らなって会場に赴き、王朝絵巻さながらの光景となった(『満済准后日記《まんさいじゅごうにっき》』)。また同年秋には、洛北栂尾《とがのお》で紅葉見物の連歌会が開かれ、輿に乗った大名、公卿たちが遠路列を連ねたのである(同)。

このように大名と公卿たちの間では、婚姻だけでなく、文化的な場でも交流が進んでいたのである。日本史では「貴族」という言葉は「公家」と同義で用いられることが多いが、西洋からの輸入概念である「貴族」とは本来騎士という武装者を指している。そのことからすれば、日本においては上層の武士を含めて「貴族」ととらえることは許されるだろう。家格を同等と認識する公武の人々が、婚を通じ文化を共有するようになったのがこの時代である。公武をつらぬく貴族社会が成立したといっていいだろう。

3 「伝統文化」の誕生

教養と道徳の習得

室町時代が茶道、花道、和風の住宅様式など、いわゆる日本の「伝統文化」が成立した時代であるということはよく知られている。

それだけでなく、従来は公家や僧侶のもとで厳格に学ばれていた学問・文芸が、より多くの人々に理解できるよう、かみ砕いた形で広まり始めたのもこの時代である。その中には、現在もなお日本人にとっての常識とされている知識もある。

応永二十五年(一四一八)の初秋、実務官人中原康富のもとに、向かいの住人から一通の手紙が届いた。そこには小さな依頼が記されていた。

『童子教《どうじきょう》』の本をお持ちでしたら、十日ばかりお貸しいただけないでしょうか。訓点の付いたもののほうがいいです。こんなことをお願いするのははばかられるのですが、子供にせがまれましたので、お願いする次第です。(『康富記』紙背文書)

『童子教』とは江戸時代になると寺子屋で広く用いられた初等用の教科書である。仏教、儒教の知識をベースに、人間の守るべき徳目をわかりやすい短文で列記したものである。どんなことが書かれていたのか、原文は漢文であるが、読み下し文にして、いくつか抜き書きしてみよう。

問わざれば答えず、仰せあれば謹《つつし》んで聞け。

人にして礼なき者は、衆中に又過《あやまち》あり。

無用な多弁、他人への非礼の戒めである。今日的な観点からすれば、いろいろな評価があるかもしれないが、少なくとも近い過去までの日本人の価値観の中に存在していたものではあるだろう。

郷に入っては郷に随《したが》い、俗に入っては俗に従え。

弟子は七尺去って、師の影を踏むべからず。

いずれも今日でも有名なことわざであるが、典拠はここにあったのである。

生まれながらにして貴き者なし。習得して智徳となる。

弓を削り矢を矧《は》ぐとも、腰には常に文書を挿《はさ》め。

これらなどは今日でも通用するものではあるまいか。康富への手紙にあるように、依頼者は子供にせがまれて訓点付きの『童子教』の借用を申し出たのである。子供が読みたがるということは、当時、同年代の子たちの間でかなり読まれていたということであろう。依頼した隣人がどのような身分であったかは不明だが、朝廷の下級官人か在京大名の従者あたりかと思われる。室町中期、文字学習の機会に恵まれた子供たちはこうした本を読んで、漢文素読の基礎とともに、通俗的ともいえる道徳を学んでいたのである。

なお、康富のもとには数日後、依頼者からの謝意と返却を伝える手紙が届けられている。せがんだ子供は望みどおり『童子教』を入手することができたのであろう。そして礼状には「今度は手習本をお願いします」との追伸も書き添えられていた。

常識的歴史知識の誕生

道徳知識とともに、日本史に関する知識が社会に普及するようになったのもこの時代である。この時代の庶民が日本史に関してどの程度の知識をもっていたのか、それを知る手がかりは「風流《ふりゅう》」である。

「風流」という語は、現在では、抑制の利いた美しさ、静的だが洗練された美、といったニュアンスで使われることが多いと思うが、室町時代には、人目を驚かすような奇抜さ、という意味合いで用いられていた。どんな奇抜さかというと、はでな形象、色彩の仮装である。踊りや宴会の余興などに、人々は自ら仮装したり、何かを模したオブジェを制作したりして楽しんだのである（図2-9）。

現在、夏の京都を巡行する祇園《ぎおん》祭の山鉾《やまぼこ》も「風流」の系譜を引くものである。室町時代、仮装の題材に取り上げられたのは、幕府や朝廷の役人、行商人、田植えの農民、富士山など、当時の人々が目にすることができたものもあるが、多いのは中国の故事や日本の歴史に取材したものである。

応永二十四年(一四一七)、京都桂川西岸に桂川地蔵《かつらがわじぞう》という霊験あらたかな地蔵が突然出現し、

図 2-9　風流踊り(『洛中洛外図屛風』より)
頭の上に動植物のオブジェを載せている.

わずかの間だったが、京都およびその周辺の人々が身分を問わず、こぞって参詣に行くという事件が起きた。まもなく、熱狂的な信仰を仕掛けた人間による詐欺だったことが発覚して幕府より処断されるという結末になるのだが、それはともかく、熱狂的に参詣した人々の中には、「聖徳太子が物部守屋《もののべのもりや》を降伏させる」「朝比奈義秀《よしひで》が門を破る」「那須与一の扇を射る」「源義経が山伏に変じて奥州に下る」「建礼門院が大原に住まう」「曽我兄弟が工藤を討つ」などの仮装をした者があった。夫差《ふさ》、虞美人《ぐびじん》、王昭君、張良など、中国の古代史に題材を採ったものもあった(『桂川地蔵記』)。

こうした歴史に取材した仮装は、桂川地蔵事件のときだ

けではない。京都の南郊にあった伏見庄《ふしみのしょう》では、毎年の小正月には村人の仮装した踊りが行われ、また鎮守の秋祭りでは仮装行列が繰り出されていたが、仮装の題材には「平重盛の赤糸鎧」とか「源義経の奥州下り」のような源平合戦期の逸話や、「畠山重保の人飛礫《ひとつぶて》」とか「朝比奈義秀の門破り」のような鎌倉幕府初期の事件に由来する伝承が選ばれている(『看聞日記』)。桂川地蔵の場合と共通するものもあり、仮装の定番があった様子がうかがえる。

仮装が行われるということは、演じる本人だけでなく、見物する側にもそれを楽しむだけの知識があったということになる。仮装の題材となった歴史的事象は室町時代の社会の中で相当広く知られていたと見るべきだろう。

歴史を学ぶ場

では、いったいどのようにして人々はこんな知識を習得していたのだろうか。

注目されるのは、何といっても『平家物語』からの題材の多さである。中国の故事にしても、いずれも『平家物語』に登場する逸話であり、『春秋《しゅんじゅう》』や『史記《しき》』から直接得た知識ではなく、『平家物語』を通して得たものであろう。当時、琵琶法師の語る『平家物語』は貴族層だけでなく、庶民にも知られるところとなっていた。寺院を修理するための勧進《かんじん》(募金活動)の際に、琵琶法師が町角で『平家物語』を語ることは珍しくなかった。現代でいえばチャリティーショーということになろうか。

猿楽《さるがく》の上演も庶民が歴史を学ぶ場だった。永享四年(一四三二)三月、伏見庄では庄内の寺で猿楽が演じられ、多くの雑人が見物に集まった。そのときの演目には「九郎判官東下向」や「曽我五郎元服」など、仮装で実際に披露された題材と重なるものも含まれている。「すみだがわ」も演じられているから、在原業平《ありわらのなりひら》もまた庶民に知られた人物だったと考えられる。

また仮装の題材の中には、お伽草紙《とぎぞうし》や幸若舞《こうわかまい》の題材と共通するものも少なくない。お伽草紙が出版物として出回ったり、幸若舞が演劇として確立したりするのはもう少しあとの時代になるが、幸若舞の前身となる曲舞《くせまい》は平家琵琶同様、市中の勧進の場で広く演じられていた。これらの芸能の見物を通じて、当時の人々は歴史上の事象についての知識を得ていたのであろう。

日本史の知識といっても断片的なものであるが、江戸時代の歌舞伎、近代の映画から現在のテレビドラマに至るまで、大衆向けの芸能・演劇が歴史知識の普及に果たす役割はきわめて大きい。そうした回路が誕生したのも室町時代だったのである。

文化行為と社交

室町時代の文化の特徴の一つは、その文化行為が寄合《よりあい》の場で行われたことである。

その代表が連歌である。作者を交替させながら上の句と下の句を掛け合って歌を作り続けていく連歌は、寄合の場にはふさわしい文芸だったのである。出来の良し悪しを競い、秀逸と評される歌を多く詠んだ者は賞品を獲得し、終了後にはお決まりの酒宴というパターンは、見知った者同士による知的娯楽としては当時最高のものだっただろう。「二条河原の落書《らくしょ》」にもすでに述べられているが、鎌倉時代の末ごろから戦国時代にかけ、公家、武士から庶民に至るまで、人々はそれぞれにサークルをつくって連歌に夢中になった。

花の御所で開かれていた義教主宰の連歌会についてはすでに紹介したが、同じころ、大和の山深い里でも熱心に連歌を詠む人々がいた。

大和盆地から伊賀方面に入った東山内《ひがしさんない》(奈良県宇陀《うだ》市)と呼ばれる地域では、土豪たちが天神講《てんじんこう》を組んで毎年連歌会を開催していた。この時代、天神(菅原道真《すがわらのみちざね》)は連歌の神様としても崇拝されていたのである。天神講では運営のための掟《おきて》を定め、必要な経費を捻出するための共有田さえも管理していた。現在も宇陀市室生《むろう》の染田天神《そめだてんじん》社には連歌堂があるが(図2-10)、この堂や参加者である各土豪の居宅などを巡回しながら、この連歌講は南北朝中ごろより戦国末に至るまで、実に二百年にわたって続けられたのである。

図2-10　染田天神社の連歌堂

朝廷の実務官人中原康富も連歌を楽しんだ人物だった。その四十年に及ぶ日記を見ると、康富は十代の末に友人の坊城俊国《ぼうじょうとしくに》に誘われて下級の堂上公家たちの連歌会に参加する。しかし下級とはいえ、いずれは昇殿できる公家の子弟は、生涯それを許されぬ中原家から見れば格が違う。居心地の悪さを感じたのか、康富は二か月ほどでこの集まりをやめてしまい、代わって実務官人や幕府の下級役人たちとの連歌を熱心に楽しむようになる。四十代になり、実務官人としての実績を積んでくると、康富は幕府奉行人や堂上の公家たちとの連歌会に頻繁に加わるようになる。さらに儒学者としての名声を得、伏見宮家の儒学の師になると、摂関家や大名たち貴族の連歌会にも参加するようになる。

康富の連歌歴からは、当時、社会的地位を同じくする同士でサークルをつくって連歌を楽しんでいた様子がうかがえる。逆にいえば、地位の異なる者にとっては敷居の高い社交場、それが連歌会だったといえよう。研鑽を積んだ甲斐があって、幸いにも役人、学者としての出世を果たした康富は、地位の上昇にともなって社交範囲も上昇していったのである。

このように内における融和性と外に対しての若干の排他性をあわせもったのが、文化的な寄合の場だった。同様の性格は、連歌会とならんで盛行した茶会についても見ることができるが、あるいはそうした面は、現在の茶会にも通じるものがあるかもしれない。

寄合に関してもう一つ注目しておきたいのは、そこに女性の姿が見えない点である。参加者のわかる連歌会のどの記録を見ても、そこに女性の名前はない。茶会も、花の御所の茶会はいうに及ばず、伏見宮家の会所の茶会の参加者を見ても、女性は見物するだけであった。それはこうした寄合の場が、参加者の社会的地位や相互の結束を確認する場としての性格をもっていたためと考えられる。寄合は、決して趣味を同じくする個人が自由に出席できる場ではなく、イエを代表する者同士の集まりという性格を色濃くもっていたのである。イエの代表に基本的にはなれなかった女性が、寄合の場から排除されていたのは当然であろう。

「伝統文化」と女性

ただし、この時代の女性が連歌や茶に親しんでいなかったわけではない。永享三年(一四三一)には河内から「連歌達者の女房」が召されて幕府の連歌会に参加しているし(『満済准后日記』)、当麻《たいま》寺《でら》奥院の『十界図《じっかいず》屛風《びょうぶ》』(十五世紀成立)には、桜の下に集まって連歌を詠む女性が描かれている(図2-11)。狂言「箕被《みかずき》」にも夫の知らぬ間に連歌に長じていた女性の話が見える。室町中期の代表的な連歌師心敬《しんけい》の連歌論『ささめごと』には、道端や市場では飲酒をしながらの娯楽的な連歌が行われていることが批判的に述べられているが、寄合として制度化された連歌会とは別に、庶民の間ではそんな連歌も流行していたのだろう。女性の連歌達者たちはそう

図 2-11　花の下連歌（『十界図屏風』より）

した場から生み出されていたのではないか。

茶にも類似した面がある。伏見宮家では、「会所の茶会」とは別に「台所の茶会」が行われており、そこには宮家の親族が男女を問わず参加していた。男性による社会的地位を反映した社交の場としての寄合で行われた茶会や連歌会と、親しい者同士による非公式の茶会や連歌会。この二本立てで「日本の伝統文化」は育まれた。これらの文化が、形を変えながらもその後長く生き続けたのは、むしろ後者の広がりがあったからではあるまいか。

「枯淡の美」　「日本の伝統文化」なるものは、しばしば「わび」「さび」という枯淡の美意識の文化として語られる。そしてその美意識が登場したのが室町時代と見なされることが多い。確かに墨の濃淡だけで描かれる水墨画や、装飾性の少ない小部屋で行われる侘《わ》び茶《ちゃ》は「枯淡」という言葉を連想させるものである。室町時代、水墨画は日本人画家の手で描かれるようになり、禅寺だけでなく貴族社会においても好まれた。また侘び茶も室町中期に登場し、そこでは「和物」と呼ばれる日本製の茶器も好まれるようになる。しかし、室町時代人の文化的嗜好は枯淡の美意識だけで理解できるものではない。また、この時代以後の日本人の美意識もそれに集約されるものではないことは、振袖装束の大胆な色使いや、色絵付け茶碗の数々を思い起こすだけでも理解されよう。

そもそも「わび」や「さび」が日本の伝統的美意識であるとする考え方自体、それほど古いものではない。水墨画で室町美術を代表させたのは日本美術史研究の先覚者岡倉天心《てんしん》であるが、室町水墨画を絶賛した天心も、それをインド、宋から続く「東洋の精華」として評価したのであって、日本の伝統であるとか独自であるという観点から評価をしていたわけではない。そうした評価が始まるのは二十世紀に入り、日本のアジア大陸での活動が活発化してからのことである。

奇妙なことに、第二次大戦後、室町水墨画の巨匠雪舟《せっしゅう》は、大内氏の本拠山口で活動していたことから、「地方文化」勃興の象徴のように評価されるようになる。また京都東山に銀閣で象徴される山荘を開いた足利義政は、賤民出身とされる庭師善阿弥《ぜんあみ》を重用したことから、身分制の打破者であるかのような言説も登場した。文化史の評価は、評価する側の生きた時代の思想動向ときわめて密接な関係をもっている。アジアや欧米との関係性の中での日本の立ち位置を探る中で生まれてきた近代の言説から解き放たれた目で、室町時代の文化を観察する視線が必要であろう。

中国直輸入の文化

室町文化を観察するとき、禅僧の活動を介した中国との交流を抜きに語ることはできない。

ここで、鎌倉時代以後の中国との文化交流に簡単に触れておこう。鎌倉時代中後期、幕府の積極的な招聘によって中国から多くの禅僧が日本にやってきた。また日本から中国に留学する禅僧も多かった。彼らがもたらしたのは禅にとどまるものではなく、儒学、医学、詩文、書画、陶磁、茶など、社会に広く及んだ。

一三六八年(応安元)、元をモンゴル高原に逐って明が成立すると、明は、日本に倭寇《わこう》の禁圧と朝貢を求めてくる。それに応じた義満は、応永八年(一四〇一)、遣明使を送って、正式に通交を開始した。これを含め、室町幕府は全部で二十回の遣明船を送るが、第一回を除き、その正副の使節は禅僧が勤めた。中国の言葉と故実に通じ、漢詩文の作成に長けた禅僧は、室町幕府の外交担当者でもあったのである。そして五山をはじめとする禅宗寺院では、四六駢儷体《しろくべんれいたい》を多用し、また明代の口語の影響も受けた詩文(五山文学)の創作や、日本人画家による水墨画の制作が花開く。

その禅寺から始まった文化の一つが茶会である。茶会は室町期の京都で大いに流行したが、そこに見える美的嗜好は今日の茶道のイメージからは程遠いものである。

『喫茶往来《きっさおうらい》』は室町前期に成立した、書状の往復形式で、理想とする茶会の式次や部屋のしつらえ方を説いた書である。そこに説かれているのは、およそ今日の茶席とは似ても似つかぬ飾りつけである。

正面には彩色の釈迦像と墨絵の観音像、その脇には文殊《もんじゅ》・普賢《ふげん》、さらにその脇に寒山《かんざん》・拾得《じっとく》の画軸が掛けられる。その前の卓には金襴《きんらん》を敷いて銅製の花瓶を置く。机には錦繡《きんしゅう》を敷き、客用の椅子には豹《ひょう》の皮、主人の椅子には金の紗《しゃ》を懸ける。障子には、竹林の七賢、昇る龍、山で眠る虎など、中国の代表的な画題が描かれた唐絵が飾られた。

こうした同時代の中国から直輸入された美的嗜好はしばしば「北山文化」と呼ばれ、義満期の日明交易と関係づけて語られることが多いが、実際には明との交易を断った義持期や、その後の義教期にも盛行している。

美意識のシンクレティズム

同時代の中国流の美意識とともに大和絵の伝統も続いていた。一九八〇年代には『浜松図屏風』『日月四季花鳥図《じつげつしきかちょうず》』など、室町屏風の大作の発見が相次ぎ、大和絵師の作と考えられる金銀の装飾やあでやかな彩色を施した屏風が貴族の邸宅や寺院を飾っていたことが明らかになった。平安・鎌倉時代の大和絵と桃山障壁画を結ぶ美意識は、室町時代にもしっかりと存在していたのである。しかも、当時の公家たちの日記などを見ると、大和絵系の金屏風と唐絵の画軸は同じ部屋で同時に飾られていたことがわかっている。この時代、貴族たちの間では、和歌と漢詩を交互に作成して、連歌のように続けていく和漢聯句《わかんれんく》という寄合の文芸が流行したが、和漢の美意識の共存は絵画や調度の場でも同様だったのである。

「風流」もまた室町時代の文化の中にしばしば登場する美意識である。その意匠はおそらく南北朝時代に流行した「婆娑羅《ばさら》」と呼ばれる美意識と通じるものであろう。奇抜な造形、華美な色彩をともなった仮装、装束や模造品は、茶会、祭り、盆踊りなどのさまざまな場で登場したし、猿楽のような様式化された芸能にも影響を与えた。また、中国趣味の意匠の中で行われた室町時代の茶会では、茶の産地を言い当てて競い合う闘茶が行われていた。そのため茶席には奇抜な意匠を凝らした景品が並べられた。また茶のあとには酒が振る舞われ、歌って舞うという喧騒が続いたのである。ここにも風流、婆娑羅の嗜好を認めることができるだろう。

このような多様な美意識が併存していたのが室町時代である。異質な価値観、原理が併存しながらある種の共存状態を作り出すことをシンクレティズムという。日本においては神仏習合がその典型とされるが、室町文化における美的嗜好もまた、紛れもないシンクレティズムの世界にあった。この嗜好は近世、近代をこえて、現代の風俗や食文化にまで通じているものではないだろうか。

第三章　南北朝・室町時代の地方社会

1　現代に続く村

掟をもつ村

はじめにで述べたように、現在にまでつながる村の風景が誕生したのは鎌倉時代の末から室町時代にかけてのことである。風景だけでなく、そこに住む人々のつながりも生まれてくる。村と村の争いも発生する。この章では、この時代の地方社会でどのような営みが展開していたのか、見ていくこととしたい。

最初に一つの掟を紹介しよう。

一、寄合《よりあい》の召集を二度かけたのに出てこない者は罰金五十文。
一、森林の木や苗木を切った者は、罰金五百文。
一、木の葉、桑の木を刈った者は、罰金百文。
一、切り落としたものをかき集めるのは一回分だけとすること。　（「今堀日吉神社文書」）

これは近江中央部の今堀《いまぼり》（滋賀県東近江市）という村の神社に伝わった室町時代中ごろの村掟である。室町時代、この村は京都と東海地方や伊勢湾岸を結ぶ行商活動で栄え、村の神社には大量の中世文書が残されている。そこには、祭礼や商売の権益に関する証拠文書とともに、村の共有地の取得や管理、村の財政、村民の村内での身分などに関する文書が残されている。その中に右に紹介した掟も含まれている。この掟は、村の会合への出席義務や、村の共有林の利用上の約束事について定めたものだが、ほかにも年貢負担に関するもの、祭礼実施に関するものなど、いろいろな掟がある。これらの文書から、当時の今堀村が共有の土地や罰則規定をもち、村民の自治によって運営されていたことがわかる。こうした村を惣村《そうそん》と呼んでいる。

中世の村では身体刑を含む罰則を科す場合や、山野や用水の利用をめぐって近隣の村と紛争が生じたときには、武力をもって殺し合う場合もあった。戦国末期には、村同士の境界紛争を決着させるにあたり、双方の村から代表を出し、赤く焼けた刀を素手で取り、激痛に耐えて握ることができたほうを勝利とするという方法さえ行われていた。これを鉄火《てっか》取りというが、こんな苛烈な手段も採用されていたのが中世の村の自治の一つの側面である。

江戸時代になると、境界紛争を村の武力行使で決着させるようなことは幕府によって固く禁止され、過酷な側面は影を潜めていくが、寄合の開催、共有地の利用方法、共益金の管理、祭りの実施など、日常の村の運営について村の住民自身で取り決めることは江戸時代の村にも継承される。そうした慣行の中には現代でもなお続いていることもあろう。その点に注目すれば、室町時代は現代にまで続く村が誕生した時代であると見なすことが可能である。

集落の誕生

農村や漁村において、そこに住む人々が集住する形態、すなわち集落を形成して生活することは、日本のどこでも見られることである。人口の流出・減少によって姿を消しつつある集落もあるが、近代以前から続く集落の多くは、現在でも所在を確認することができる。都市部に吸収された場所においても、注意深く観察すれば、近代以前の集落の痕跡を見つけることはさほど困難ではない。

集落の形態、大小、密度はさまざまであるが、現代の居住形態にまで影響を残しているような住まい方はいつごろ誕生したものだろうか。いくつかの手がかりから考えてみよう。

新大阪駅近く、現在の豊中市・吹田市あたりには、鎌倉時代、奈良の春日社領の垂水《たるみ》西牧榎《にしのまきえ》坂《さか》郷という荘園があった。この荘園では、十二世紀末と十四世紀半ばに検注《けんちゅう》(耕地や屋敷の所在地、面積、年貢高などの調査)が行われ、二つの土地台帳が残されている。その二つを比較、検討した島田次郎の研究によって、次のようなことが明らかになっている。

十二世紀末の台帳を整理すると、この段階で、住居の所在には一定の集中性が見られ、集落が成立しつつあったことがうかがえる。しかし十四世紀半ばの台帳ではこの集落は消え、それに代わって明確に集村化した集落が登場する。しかもこの集村は江戸時代、明治期の集落と位置的に一致する。

文献史料から導き出されるこの結果を裏づけるように、考古学の側からは、発掘された十一・十二世紀ごろの集落は十三・十四世紀には衰退するものが多く、十四世紀後半になると集落の発掘事例が少なくなることが報告されている。これはこの時期以後の集落が現在の集落と場所的に重なっているためであると解釈されている。これらの研究結果によれば、集落のあり方には十三・十四世紀ごろに大きな変化があり、十四世紀には現代にまで続く集落が成立していたことになる。

十三・十四世紀ごろの集落がどのようなものだったか、視覚的にわかる例を紹介してみよう。図3-1は、現在の鳥取県中部、東郷池《とうごういけ》の周辺にあった東郷庄《とうごうのしょう》という荘園の十三世紀後半の姿を描いた絵図である。鎌倉時代後半、各地で荘園支配をめぐって荘園領主（京都や奈良の公家や寺社）と地頭（武士）の間で紛争が生じ、土地を分割することで解決する下地中分《したじちゅうぶん》が行われたが、この荘園も京都の松尾大社と地頭の間で下地中分された。この絵図はそのときに描かれたもので、高校の日本史教科書でもよく用いられているものであるが、当時の地方社会の生活の様子をうかがうことのできる絵図でもある。

池の漁舟、日本海を行く廻船など見どころは多いが、ここでは池周辺の集落の描写に注目し

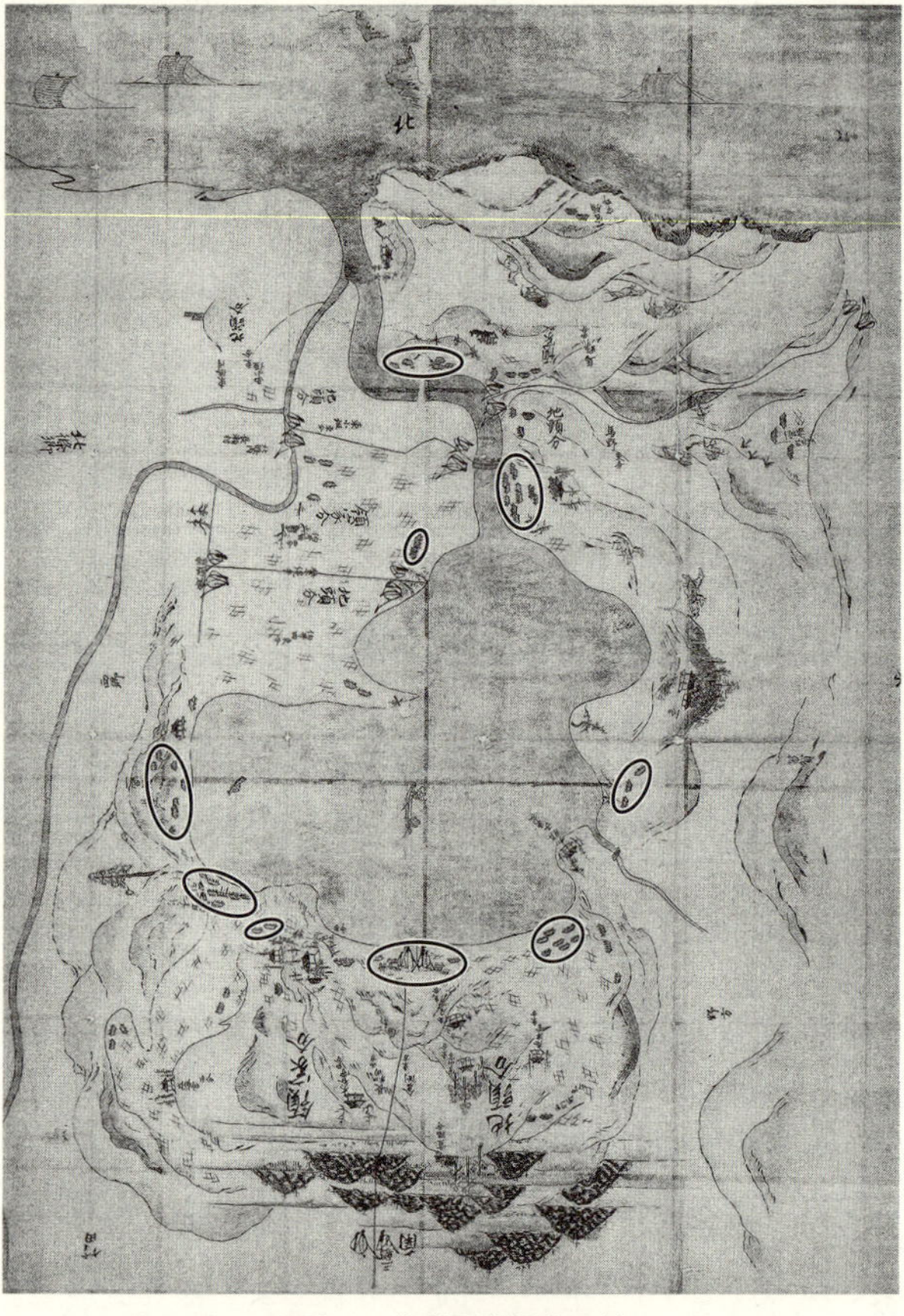

図 3-1　伯耆国東郷庄の村
楕円で囲った位置に集落が描かれている．

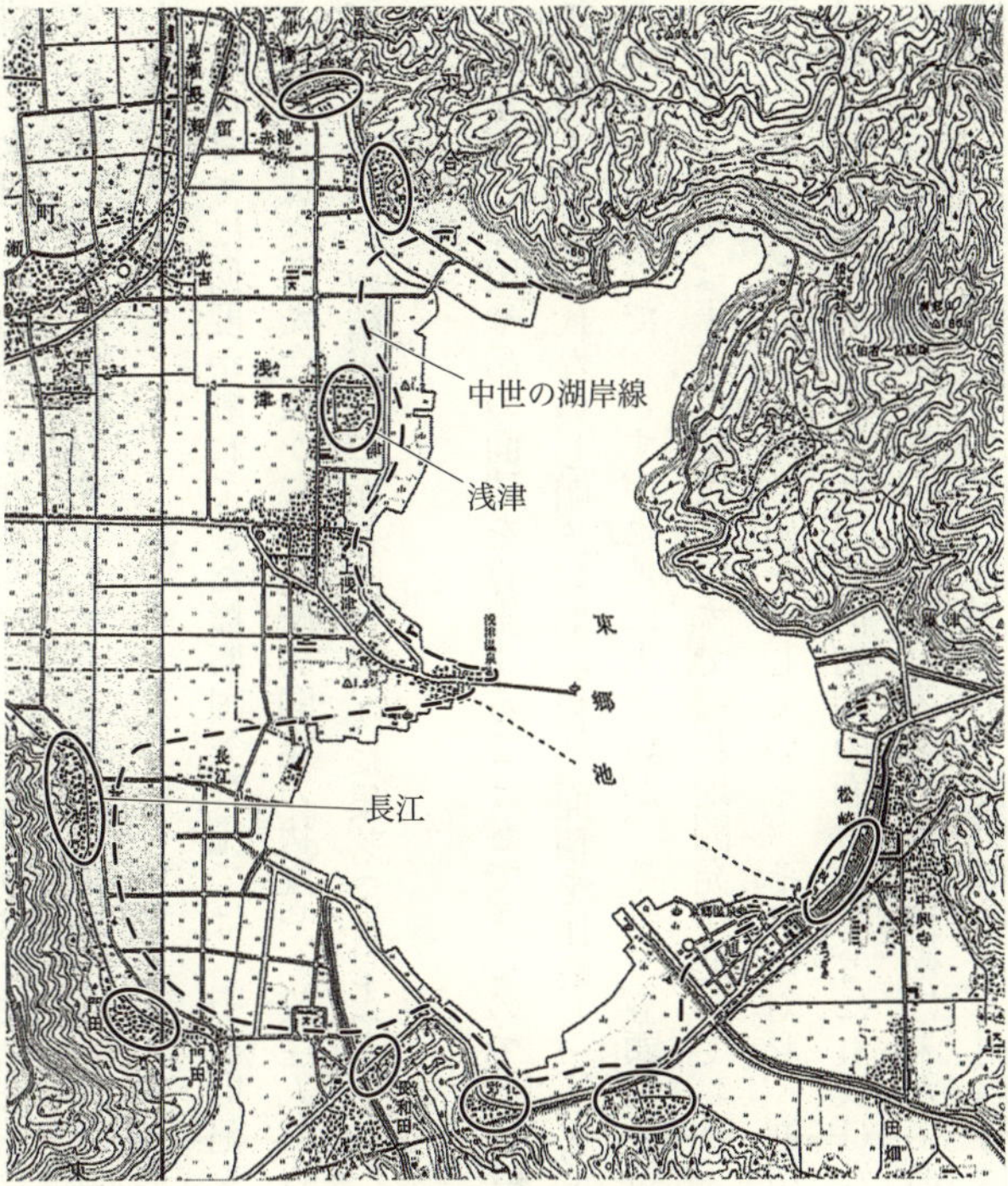

図3-2　東郷庄の現況地図

ておこう。図中の楕円で囲った箇所に集落が描かれているが、これを現在の地図（図3-2）と比較してみよう。記載された地名や描かれた神社などを手がかりに両者を比較してみると、浅津など湖岸北部に三つ、長江など南部に六つ所在する集落の位置が、両者でおおよそ一致することがわかる。

平野開発の飽和

固定化した集落の出現は、単に集落の成立を示すだけではない。居住地は耕地や水利との関係、災害からの安全性などの総合性で決まってくる。集落の固定は開発が一定の水準に達し、土地の利用方法が安定化してきたことの現れでもある。いくつか事例を紹介しよう。

これまでに何度か触れてきた播磨国矢野庄《やののしょう》では、十三世紀末に詳細な検注が行われた。そのときに作成された台帳から、当時の開発の状況や一般住人たちの住居の所在地を割り出すことができる。その結果、現在と同じ場所に集落(史料上では「村」と呼ばれている)が成立していたことが判明する。

集落ごとの田や畠の面積を算出することもできるので、比較可能な集落で、十三世紀末の耕地面積と江戸時代ないし明治初期の耕地面積を比較してみると表3-1のようになる。五百年の開きがあるので、さすがに差は大きいが、それでも顕著な特徴を看取することができる。沖積地部の村では十三世紀段階ですでに耕地開発が進んでおり、特に田井村では明治初期の耕地面積に遜色がないほどの数値を示している。それに対し、河川に沿った小平地や山沿いの緩傾斜地上の村々の耕地面積は、明治初期の面積の半分にも及ばない。河川沿いの開発が遅れていることには意外な気もするが、中世段階の築堤技術は未熟であり、中小といえども河川の近くは洪水の常襲地帯だったのである。また緩傾斜地上の雨内村は鎌倉初期までは「野」とされて

表3-1　播磨国矢野庄の耕地開発

鎌倉期の地名	鎌倉末期の耕地面積	明治初期の地名	明治期の耕地面積(一部近世)	鎌倉/明治	立地状況
二木	14町2反5代	二木	26町9反(明治14)	52%	山陽道沿い
八東	2町7反10代	八洞	23町6反(明治14)	63〜71%	沖積地
玉井	4町6反45代				
田井	28町9反45代	田井	10町7反(+6町)(享保20)		
		出	16町9反(明治14)		
奥野山	8町6反15代	奥野山	20町7反(+6町)(宝暦14)	32〜41%	緩傾斜地
若狭野	28町4反30代	若狭野	41町7反(明治14)	68%	河川沿い+沖積地
雨内	15町3反30代	雨内	32町2反(明治14)	47%	緩傾斜地
長井・カトヤ・瓜生	18町10代	瓜生	27町8反(明治14)	41%	河川沿い
鍋子	3町1反45代	上	23町2反(明治14)		

おり、まだ灌漑施設が十分に整えられていなかったと考えられる。

　次に琵琶湖岸を見てみよう。琵琶湖北西部、現在の滋賀県高島市付近にあった延暦寺領木津庄《きづのしょう》は都に近いこともあって開発の歴史は古く、水利と排水の条件に恵まれた平地部では九世紀半ばの段階ですでに開発が進展していた。十五世紀初めの検注帳を分析した水野章二の研究によって、室町初期、平地部の条里地割の地区では一町あたり七〜九反、すなわち全面積の七割から九割の耕地化が達成され、集落も現在の集落と一致する場所に存在していたことが明らかにされている。集落の成立時期はもう少し早くに想定することができるだろう。

これに対し山手の傾斜地では、耕地化率は五割以下、しかも住居や寺院は現在の集落とは一致しない場所に存在していた。矢野庄と類似した傾向を示しているといえる。斜面のように畦畔の形成や維持に知恵と経験の必要な場所での開発は、まだ試行錯誤の段階にあり、安定した集落も成立していなかった様子をうかがうことができよう。

関東と九州の状況

関東は地形的にも開発史的にも畿内周辺とはかなり異なり、一般に、集村化は一世紀ほど遅れるとされている。それでも室町初期になると、東京湾北岸のデルタ地帯でもかなりの耕地が開発される。十四世紀末の伊勢神宮領葛西御厨《かさいのみくりや》(東京都江戸川・葛飾区付近)の様子を記した史料に関する長塚孝の研究によると、旧利根川(現在の中川)や江戸川などの河川がつくる自然堤防上の微高地には、金町、上小岩、青戸など多数の村が成立していた。各村の田数の合計は一千百町と記される。これは近世の田数に比べれば大幅に少ないが、戦国時代の史料からわかる田数とはあまり変わらない。ここに室町時代の開発の停滞をみる見方もありうるが、記された面積自体は決して少ないものではない。むしろ当時の土木技術を前提にした開発は十四世紀末段階で飽和点に近いレベルに達し、それ以上の開発の展開のためには、新たな技術の導入が必要な状態になっていたと考えるべきではないだろうか。

九州の例も見ておこう。薩摩国入来院《いりきいん》は薩摩半島の根元、山間部に川内川《せんだい》の支流のつくる小規模な沖積地が連なる地区である。相模から地頭として来住してきた渋谷氏の所領で、支配に関する多数の中世史料が今に伝えられている。入来院は、かつて中世の開発は山間の谷における開発が中心だったとする学説（谷田《やとだ》開発論）の根拠となった場所である。この学説は長く中世期研究で定説とされていた。ところが、その後、鎌倉最末期に作成された詳細な検注帳を分析した吉田敏弘の研究によって、この段階ですでに、小河川の作る沖積地で水田開発が進行し、谷田よりも一反あたりの年貢率も高かったことが明らかになっている。決して谷田が中世の耕地の中心をなしていたわけではない。

これらの事例からは、十三世紀半ば〜十四世紀ごろには、平地部の好条件の場所では耕地開発がかなりの進展をみせていたことがわかる。

干潟の開発

開発は海にも向かっている。瀬戸内の児島《こじま》湾岸の春日社領荘園では、鎌倉時代中期、旭川河口部の干潟に堤を築き、海水を抜いて耕地が開発されていた（「大宮文書」）。同じころ、安芸国でも、小早川氏が沼田《ぬた》川河口部の「塩入荒野」、すなわち満潮時には海水が遡上してくる河口近くの湿地に堤を築き、乾燥化させて耕地を生み出していた(「小早川文書」)。

有明海沿岸でも鎌倉前期には「塩堤」を設けて干潟を干拓することが始まっていたし(「鷹尾文書」)、唐津《からつ》湾岸では南北朝初期には、松浦《まつうら》川河口近くの「牟田《むた》」と呼ばれる干潟に堤を設け、その内側を耕地化することが行われていた(「狩野亨吉氏所蔵文書」)。

堤を築く開発についていえば、東海の木曽川や大井川の下流域の乱流地帯では、いわゆる「輪中《わじゅう》」を築いて耕地や集落を守ることが、鎌倉後期には始まっていた。木曽川下流域の輪中の満水時の光景について、当時の史料は、「船が堤の上を行く。船が空を行っているようだ」と表現している(『春の深山路《みやまじ》』)。

このように鎌倉中後期には日本の各地で、河口部の湿地帯や干潟を耕地に変える土木工事が始まっていた。

ただし、注意しておかなければならないのは、いずれも小規模なものであること、そして鎌倉時代に開始された干潟開発は、南北朝・室町時代にはあまり大きな展開はなく、大規模な事業は、瀬戸内でも有明海沿岸でも江戸時代を待たなければならなかったことである。おそらく中世の土木技術や人員動員力ではこれ以上の工事は困難だったのであろう。

この状況はさきほど見た既存の平野部での開発の進展状況と通じるものだろう。平安中期、荘園の成立とともに始まった耕地開発は、鎌倉時代半ばから南北朝時代のころには、当時の条件からすれば、飽和点近くまで達成されていたのではないだろうか。確かに室町時代における開発地の量的な拡大は顕著ではない。そのためこの時代は「停滞期」との評価を受けることもあるが、それは開発状況の一定レベルへの到達を前提としたうえでの安定ととらえるべきではないか。「飽和状態」というのは室町時代の社会を理解するうえでの一つのキーワードである。この時代に現在にまで続く集落が成立してくるのは、そうした状況に基づいたものであると考えられる。

苦闘する村の記憶

好条件の地の開発があらかた達成されたあと、残された開発可能地は河川沿いのようなリスクが多い場所、傾斜地のような高度な土木技術の必要な場所、あるいは大規模な人員動員の必要な海岸湿地などである。

中世の後半期、新たな開発地を求めて、こうしたリスクの高い場所でも開発の努力は続けられた。しかし、それは自然災害と隣り合わせである。

関東のデルタ地帯でも自然堤防上で耕地開発が進んでいたことはさきほど紹介したが、大河に接した場所は所によっては洪水の被害をうけるリスクも大きかった。原田信男によれば、埼玉県杉戸町付近の古利根川岸では、鎌倉時代より幕府主導によって築堤と湿田開発が進んでいたが、そうしてできた村の一つ下高野村は、明徳三年(一三九二)の洪水で堤が破れ、民屋三十戸が流失したという。

以下では、条件の悪い地で営々と続けられた開発の苦闘を、村人自身が書き記した記録から見てみよう。

駿河国駿東《すんとう》郡大平《おおひら》村は伊豆半島の付け根、狩野《かの》川沿いの袋状の小平野にある村である。ここに鎌倉時代から江戸時代中期までの村の歴史を記録した年代記が伝わっている。何度も書写と編集を繰り返されたものであるが、内容はリアルで、中世以来書き継がれてきた村の記録をもとに書かれたものと考えられている。そこには、現在も暴れ川として知られる狩野川と格闘しながら耕地を開発し、村を作った人々の苦闘が書き綴られている(「大平年代記」)。

大平村での開発が始まったのは鎌倉最末期というから、開発の始まりとしては早くはない。星屋修理亮《しゅりのすけ》なる武士が、狩野川沿いのガマの茂る池や河原同然の砂地を主従四人で切り開き、数年後には五反ほどの田と、それと同程度の畠を得ることができた。しかしその三年後には大水が出て、新田畠はすべて土砂に埋もれてしまった。

その後もたびたびの洪水に苦しめられるが、南北朝時代の終わりごろになると春ごとに排水路の普請を行い、ようやく新田畠も安定してきた。室町時代になると、洪水よりも旱魃を心配するような状態だったが、寛正《かんしょう》五年（一四六四）、秋の大雨で山は崩れ、用水路は埋まり、さらに翌年には旱魃に襲われた。その後もたびたびの洪水によって死者が出ることもあったが、洪水の運んできた土砂が堆積したことによって、十五世紀の末ごろにはようやく安定した状態になったという。開発が始まってから二百年近くが経っていた。条件の悪い土地の開発がいかに苦難をともなうものだったかを知ることができよう。

隣村との戦い

生活の場を量的に拡大することが望めない状況は、限られたパイをめぐる争いの増加を生む。そして利害を共有できる人々は結束を固めていくことになる。

中世の在地の人々は、開発の苦闘だけではなく、隣り合う村との、小さな土地をめぐる抗争についても記録を残している。

琵琶湖の北端部、湖に突き出した小半島の突端に位置する菅浦《すがうら》（滋賀県長浜市）は、湖岸の険しい崖に囲まれた漁業と水運を主産業とする村である（図3-3）。ここの神社には大量の中世文書が残されているが、そこからは、当時の菅浦住人たちが、共有の土地や財政をもち、領主や近隣の村々とのもめごとへの対処を寄合によって決めていたことを知ることができる。

平地の乏しい菅浦の住人たちは、村の裏山で採取される産物の交易や、山を隔てたところに

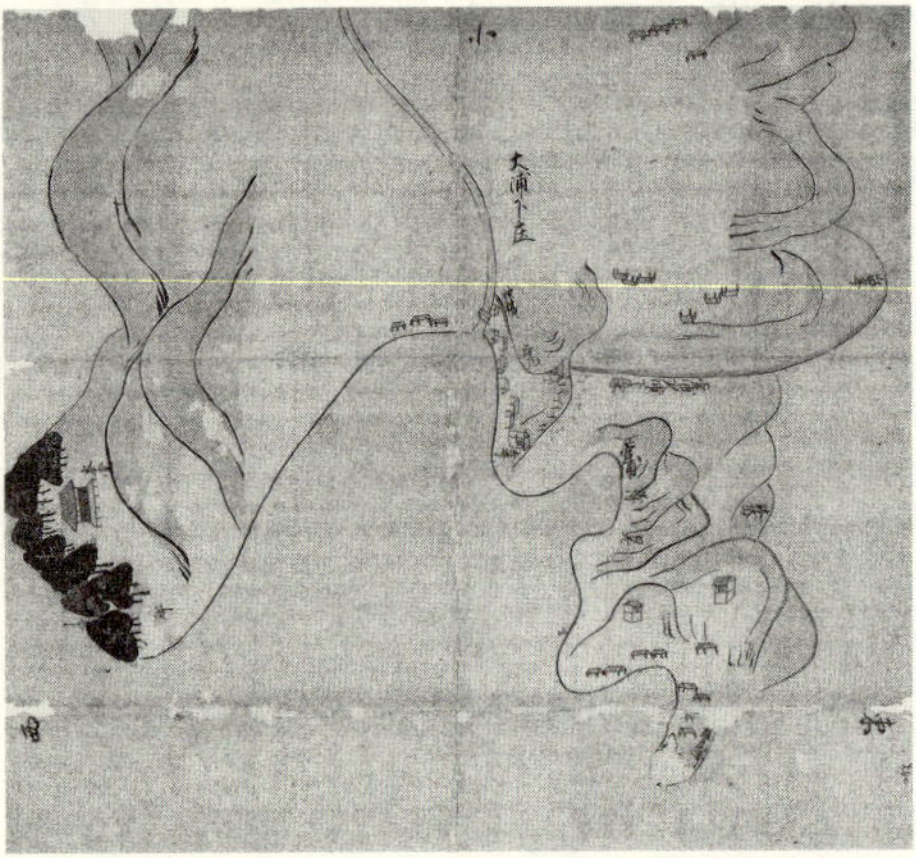

図 3-3　近江国菅浦と大浦庄（『近江国菅浦与大浦下庄堺絵図』より）

ある小さな田畠で食糧を得ていた。だが、この山林や田畠の帰属をめぐっては北隣の大浦庄《おおうらのしょう》との間で激烈な抗争が繰り返されていた。

文安《ぶんあん》六年（一四四九）に書かれた記録には、足掛け五年にわたった大浦庄との抗争が詳細に記されている。それによれば、このときの抗争は二つの村の間にある山林の利用をめぐるいざこざに端を発した。琵琶湖岸の多くの村々が双方の応援に駆けつけ、村に火を放つ、船を奪い合う、山で弓矢を打ち合うなどの衝突が繰り返された。菅浦の住人数人が犠牲になったが、それ以上の数の大浦住人も命を落とした。琵琶湖東岸の柳野《やなぎの》（長浜市）から駆けつけて菅浦の応援に加わっていた「中峰殿」という武士は、一族九人が命を落とし、菅浦では「この恩、末代まで忘るべからず」と記録している。

この争いでは、菅浦の住人の代表である「清検校《せいけんぎょう》」が京都に上り、領主である比叡山や公家の山科家、さらに幕府の関係者の間を走り回って、菅浦に有利な安堵状を獲得することが叶っている。文安六年の記録は、この抗争の犠牲者と殊勲者の名前を後世に伝えようという意図をもったものである。そして末尾は次のように締めくくられている。

このちもこうした紛争が起きたら、京都の関係筋に訴える一方で、住人は健気に意を強くもて。もし大浦が押し寄せてきたら山からではなく、浜から敵を追い出せ。また七、八十の老人も弓矢を取り、女は水を汲んで戦え。京都でかかった工作費は二百貫、地元での兵粮は五十石、酒代は五十貫だった。（「菅浦文書」大意訳）

菅浦の住人たちは五年に及んだ戦いの経験を記録し、子孫たちへの教訓としたのである。

2　室町幕府の地方支配体制

地方支配システムの変容

第一章で述べたように、室町幕府は基本的には鎌倉幕府の諸制度を継承するところから始まった政権である。しかし政治状況や在地社会の状況の変化に合わせて、前代とは異なる部分も少なくない。最も大きく異なるのは地方支配のためにおかれた守護の権限である。

鎌倉幕府においては、守護は任国内の御家人を統率して、内裏の警固（大番役）や鎌倉の幕府御所警固（鎌倉番役）に向かわせることと、謀反や殺人のような重犯罪の犯人を捕縛することが任務であった。同一国での世襲は顕著ではなく、官吏としての性格の強いものであった。したがって守護が任国内の御家人たちと主従関係を結ぶ契機も必要性も限定的だった。

室町幕府においても幕府開設当初は鎌倉幕府の守護制度が継承された。しかし室町幕府が置かれた時代状況は、鎌倉幕府の制度が整備された時代とは異なっていた。土地開発の拡大が一段落した在地社会では、鎌倉後期以来、あちこちで武士たちが限られたパイをめぐって親類同士、あるいは近隣同士で紛争を起こしていた。一方、建武政権の崩壊後、当初に予測されていたよりも遥かに長い内乱状態が続いていた。

幕府としては、守護に内乱に立ち向かう軍事統率者としての役割を発揮させるためには、在地社会での武士間の紛争を早々に決着させ、彼らを兵力として動員しやすい状況を作り出す必要があった。そこで開幕後まもなく、守護にそれまでにはなかった二つの権限が付与された。それが刈田《かりた》狼藉《ろうぜき》の取り締まりの権限と使節遵行《しせつじゅんぎょう》の権限である。

刈田狼藉とは、係争地において収穫前のイネを刈り取る行為のことであるが、その土地が自分の所領であるということを、既成事実によって示すデモンストレーションとして実行されることが多かった。刈田狼藉の取り締まり権限とは、このデモンストレーションを禁止する権限である。それでも行った者は紛争上の敗者とされた。

一方の使節遵行権とは、幕府法廷で裁かれた所領紛争についての判決結果を、現地で強制執行する権限である。訴訟の敗者を係争地から追い出し、勝者の入部を助ける権能であるが、鎌倉時代、この執行は係争地の近隣の御家人が複数で行っていた。鎌倉末期には守護が勤めることも多くなっていたが、室町幕府は正式にこれを守護の権限とした。

このように所領紛争に関する強力な処断権限を守護に認めた点が、鎌倉幕府と異なる室町幕府の守護制度である。紛争当事者である武士たちからすれば、当然、日ごろから守護と密接な関係をもっておくことが重要と認識されるようになっていく。

拡大する守護の権限

足利氏の骨肉の争いである観応《かんのう》の擾乱《じょうらん》による戦乱状態の長期化は、一層の守護権限の拡大をもたらした。武士たちが戦争に参加するのは恩賞所領を求めてであるが、戦争は敗者側についた武士の所領を、恩賞として配分可能な、いわば「新天地」として産み落とす。これを当時「闕所《けっしょ》」といった。長引く戦乱の中で、幕府としてはこの闕所地を武士たちに、迅速に恩賞として配分し、さらなる軍事動員を可能とする必要があった。そのためにこの闕所地処分の権限が合戦の現場にいる守護にゆだねられるようになっていった。

闕所地処分とともに守護にゆだねられたのは半済地《はんぜいち》の預け置きの権限である。第一章で述べたように、半済とは荘園年貢の半分を兵粮として武士が取得することを認める制度である。観応の擾乱の最中に地域と期間を限定して施行されたのが最初であるが、応安《おうあん》元年(一三六八)には全国の所領を対象に、期間の限定なく実施された(応安の半済令)。この半済地をだれに与えるか、それを決定する権限が半済地預置権と呼ばれる権限である。

闕所地処分権と半済地預置権を付与されたことは、守護が実質的には国内の武士たちに恩賞を与える権限をもつに至ったことを意味している。これは、守護と武士たちとの間に主従関係が結ばれていく契機となった。この時代、従者のことを被官《ひかん》と呼ぶが、幕府から付与された権限を根拠に、守護は任国内の武士たちの被官化を進めていったのである。武士側からすれば、守護の被官となることは、新たな地を正当な所領として確保するために有効な方法の一つであったといえる。

守護と現地の武士たちの間に主従関係が結ばれてくれば、守護のすげ替えが難しくなるのは当然のなりゆきである。南北朝時代半ば以後、各国の守護は特定の家に世襲される傾向が強くなり、いよいよ守護と任国の関係は深まっていく。

内乱が終息してくると、室町幕府は九州、関東・奥羽を除く諸国の守護は在京することを原則とした。在京する守護たちは京都に館を構えて奉行を置き、幕府や他の守護、また任国内に所領をもつ公家や寺社たちとの交渉に当たらせた。在京の奉行には、飯尾、松田など、幕府の奉行人と同族の者や、上原《うえはら》、安富《やすとみ》など複数の守護家に共通して出現する苗字があった。まだ詳しいことは解明されていないが、幕府や守護たちに共有されるような文筆集団があったようである。

分国主となる守護

守護の任国には守護所が設けられ、守護代や在国の奉行が置かれた。任国の世襲化が進んでくると、守護たちは法制上の職権を越えて独自に課税を行ったり、本来立ち入りできないはずの寺社・公家領荘園の刑事事件を取り締まったりするなど、任国内でさまざまな権限を発揮するようになる。官吏としての性格の強かった鎌倉時代とは明らかに異なる室町幕府のこのような守護は「大名」、その任国は「分国」と呼ばれるようになる。

守護所は府中や港町など、分国内の主要都市に置かれることが多かった。たとえば若狭では港町の西津《にしづ》や小浜《おばま》、越前《えちぜん》・丹後《たんご》・遠江《とおとうみ》では府中、尾張《おわり》では東海道の下津宿《おりづ》、備前《びぜん》では山陽道の福岡宿に守護所が置かれた。これは守護が国内の流通の把握を意図していたためと考えられている。

また守護の中には、国内の主だった寺社の僧を集めて雨乞いや虫よけなどの祈禱を行わせたり、一宮、府中総社など、地域信仰の中核となる寺社の修造や祭礼の維持に努めたりする者もあった。守護の分国主としての位置は、幕府から法制度として付与された権限だけではなく、こうした流通、宗教上の拠点を独自に掌握することによっても、定まっていったのである。

国人たちの動向

一方、武士たちも鎌倉時代とは異なる生き方を始めていた。鎌倉時代、将軍と主従関係を結んだ御家人たちは所領の安堵を受けていた。所領は全国各地に所在している場合も少なくなかったが、南北朝時代になると遠隔地にある所領の経営はあきらめ、中心的な所領にエネルギーを集中させるようになる。

一例をあげよう。のちに戦国大名となる安芸の御家人小早川《こばやかわ》氏は、相模《さがみ》、美作《みまさか》、備前、阿波《あわ》などに所領をもっていたが、南北朝を過ぎるころになると、所領経営を安芸の所領に集中させる。かわって、その所領の周辺に新たな所領を獲得することに力を傾注させていく。新たに獲得した所領の中には、瀬戸内海の国境を越えて、伊予に属する島もあった。

さらに近隣に住む一族、あるいは他門の武士たちとの連携を強め、戦乱状況や幕府から課される負担への対応などについて協約を結ぶこともあった。観応の擾乱のさなか、備後《びんご》北部に所領をもつ山内《やまのうち》氏は、一族十一名が連署して直義方に属することを誓っている。二つの朝廷に加え、北朝方では尊氏派と直義派が対立し、中央政権が三つに分裂したことによって地域の武士たちの間に動揺が走るなか、山内一族として結束していくことを確認したのである。こうした協約、あるいは協約によって結ばれた集団のことを当時「一揆《いっき》」と呼んだ。

武士たちの一揆が守護と対立する場合もあった。応永十一年(一四〇四)、安芸では守護が交替し、新たに入国してきた山名氏が武士たちの所領調査を進めていた。これに対応して武士たち三十三名は、理由なく所領を召し上げられるような者があれば団結して嘆願すること、やむをえず武力対決となったときには、自分自身の問題として援助することなどを申し合わせている。

このように地方の武士たちは、所領経営の重点化においても、また近隣武士との人的関係の構築においても、前代以上に地域に根差した活動を展開するようになっていた。こうした段階の地方武士たちを「国人《こくじん》」と呼んでいる。状況によっては、彼らは守護と対立する場合もあったが、多くは守護から所領の給付を受け、その被官となっていった。

ただし一部には幕府に直属し、公方の軍に編成されている者もあった。これが奉公衆《ほうこうしゅう》と呼ばれる人々で、西は長門《ながと》から東は駿河《するが》までの武士が組織されていた。彼らも守護同様、京都にいることが多く、平素は幕府御所の警護にあたっていた。公方からすれば奉公衆は、守護が巨大化して幕府に反抗的になるのを予防するための楔《くさび》であった。そのため毛利、小早川、斎藤、明智《あけち》など、のちに戦国大名になるような地域の有力な武士が含まれている。公方と大守護が対立した康暦《こうりゃく》の政変、明徳《めいとく》の乱、応永《おうえい》の乱などの経験は生かされていたのである。

3　室町時代の荘園

「荘園」「村」という呼称

室町時代の地方社会と聞くと、現代社会とは関係のないものと思われるかもしれない。しかしそれは意外なところに痕跡をとどめている。

「庄」「荘」「郷」という字を用いた地名は各地に見られる。平成の大合併によって多くの歴史的地名が失われたが、それでも米どころとして知られる山形県の庄内地方、合掌造《がっしょうづく》りの岐阜県の白川郷《しらかわごう》、熊本県の五家荘《ごかのしょう》などは全国的にも知られた地名であろう。ほかにも名古屋近郊に庄内川、香川県西部に荘内半島があるし、本庄(本荘)、新庄、本郷などの地名は、比較的容易に具体例が思い浮かぶだろう。これらの地名はいずれも中世の土地制度に由来する地名である。その中世の土地制度はどのようになっていたのか、基本的なところを整理しておこう。

中世は全国の土地が公家、武士、京都・奈良の大寺社、朝廷の役所などに分割して所有された時代である。その所領の単位が「〇〇庄」と呼ばれる荘園や、「〇〇郷」「〇〇保」と呼ばれる国衙領《こくがりょう》なのである。

荘園は天皇の一族、公家貴族、京都・奈良の大寺社などを最高の所有権者（本所《ほんじょ》）としている。国衙領のうち保《ほ》は、修理職《しゅりしき》、大膳寮《だいぜんりょう》といった朝廷の諸官衙（役所）が支配し、郷は諸国の国衙（国府の役所）が支配している。もっとも南北朝時代中期以後になると、諸国国衙領や官衙領もそれぞれ特定の公家や寺に世襲されるようになるので、実質的には荘園と変わらなくなる。

荘園の空間的な形態や規模はさまざまである。京都周辺には空間的なまとまりをもたず、なかにはあちこちに散在する耕地片の集合体というような荘園もあるが、多くは開発の単位と関連したまとまった空間をもち、人々の生産、生活の舞台であった。

集落との関係はどうか。畿内には一集落＝一荘園という場合も珍しくはないが、全国的に見れば、一つの荘園の中にいくつもの集落が含まれているのが一般的である。この集落の形態、密集度、規模も地域や時代によってさまざまであるが、すでに述べたように、十三・十四世紀ごろになると、現在の集落と重なる位置に成立していたと考えられる。この集落が中世史料の中で「村」と呼ばれていることが多い。

したがって、模式的には荘園の中に村が誕生してきたと考えておけばいいのだが、実際の事例はそれほど単純でない。地域によっては、荘園内の集落を「郷」と呼んでいることも多い。近江から関東にかけてはそのほうが一般的だし、京都近郊でもそうした場合がある。この場合、呼称だけでは国衙領の郷と区別しがたいことになる。

さらに厄介なことに、規模の大きい荘園の場合、開発の経緯の異なる複数のユニットを抱え込んでいることがあり、元のユニットが「村」と呼ばれることがある。また元のユニットが国衙領であった場合には、荘園に取り込まれたのちも引き続いて「郷」「保」の呼称が残ることもある。これらの場合には荘園の下に村や郷や保があり、その下にさらに集落としての村や郷があることになる。

このように所領の成立の経緯に由来して、村や郷には多様なレベルのものがある。混乱しなかったのかと思われるかもしれないが、現在も「町」には地方自治体の「町」と、自治体の中の住居表示としての「町」がある。平成の大合併後は合併前の旧自治体を「町」で示す場合もあり、「町」は多様なレベルで使用されている。しかしわれわれはそれを特段意識はしていない。中世人にとっては村や郷の多層性も気にはならなかったのだろう。以下の説明では、煩瑣を避けるために荘園―村で代表させておく。

教科書的には室町時代は荘園制の衰退期とされてきた。この見方は、荘園とは京都や奈良の公家貴族や寺社によって所有されるものという認識に基づくものである。

室町幕府と荘園制

確かに、平安後期に成立した荘園は、中央の貴族たちが所有体系の頂点に位置づけたものである。荘園から上がってくる貢納物のうち彼らが取得できる部分が縮小したという意味では、室町時代を荘園制の衰退期と見ることも根拠のないことではない。しかし、近年、室町時代を荘園制の独自の段階としてとらえるべきだという考え方が強くなっている。

理由はいくつかある。一つには、幕府の法制によって、公家や寺社など本所の取得分の縮小にも一定の歯止めがかけられている点がある。応安の半済令は、期間、地域の限定なく武士が年貢の半分を取得することを認めたものであるが、当時の社会の状況を踏まえれば、武士による無制限の年貢奪取に歯止めをかけ、本所の最低限の取得分を確保させたものと評価すべきであると考えられている。実際、十五世紀半ばごろまでは、本所である公家や寺社の努力もあって年貢取得の実現していた荘園も決して少なくはない。関東や九州では、さすがに京都の領主を本所とする荘園は著しく減少するが、関東では鶴岡《つるがおか》八幡宮、九州では宇佐《うさ》八幡宮のような、その地方の大寺社を本所とする荘園はそれなりに存在している。

二つめには、室町国家が在地社会をとらえるときの枠組みは、やはり荘園だったという点である。一国平均役《いっこくへいきんやく》、すなわち内裏や幕府の造営、伊勢の遷宮など国家的事業の経費を賦課するとき、それは荘園を単位とし、それぞれの規模に応じて行われた。室町時代半ばになると、守護は守護館の維持や分国内の主要な寺社の造営にかかる経費を、独自に分国内に賦課するようになるが、そのときも一国平均役にならっていた。

それに対し、荘園の内部に成立している村については、守護も幕府もその存在を把握できていない。当然、賦課の単位とされることもなかったし、訴訟の主体となることも難しかった。たとえば、村と村の間の山林利用をめぐる境界争いでも、幕府法廷においては、それぞれの村の所属する荘園同士の争いとして受理された。地域社会においても、村の存在は、他の荘園に住む人々から十分認知されていたとはいいがたい。A荘のa村の住人が他の荘園の住人との間に起こしたトラブルの責任を、A荘のb村がとらされるということもあった。他の荘園から見ればa村もb村も同じだったのである。村の法人格はまだ微弱だった。

三つめには、武家領もまた荘園を単位としているという点にある。鎌倉時代中期以後、下地中分、半済、闕所地没収などさまざまな契機によって、公家や寺社の手を離れ、在地の武士や守護の一円的な支配下におかれる所領(武家領)がしだいに増していくが、それらもまた紛れもなく荘園を単位としていた。百姓から取得できる年貢高も検注で定められたものを引き継いでいた。

四つめ。近年の研究でとりわけ重視されているのは、室町時代には、武家領荘園を支配している守護、奉公衆などの有力な武家が在京していた点である。京都にいながらにして荘園を支配し、年貢を取得するという構造は、公家・寺社領主と同じではないかというのである。確かに、第二章で述べたように、この時代は、京都では公武の一体化が進み、公武の貴族社会が形成された時代である。そうした政治・社会史上の特徴を踏まえて室町時代の荘園制を見るならば、公家・寺社の取得部分の減少のみを見て衰退期と見なすのではなく、武家領を内包した荘園制の新たな段階としてとらえることも正当な見方であると思う。

『庭訓往来』の説く理想の荘園

荘園の現地はどんな世界だったのだろうか。もちろん、そこはさまざまな生業が展開する生産の現場であるが、「荘園」であるためには、どんな人がいて、どんな仕事をし、どんな建物が必要だったのだろうか。

南北朝時代のころに成立した『庭訓往来《ていきんおうらい》』は、読み書きの教科書として室町時代から江戸時代末に至るまで広く使われたものである。この中に、京都の荘園領主が現地で荘園を運営する荘官に宛てた手紙が載せられている。もとより『庭訓往来』は字引の性格ももった文案集で、書かれているとおりのことが実行されていたわけではないが、当時の人々が、あるべき荘官の任務をどのように考えていたか、荘園とはどのような場であると思っていたかを知ることはできる。長文であるので、一部を要約しながら抜き出してみよう。

早く沙汰人らに命じて、地下目録《じげもくろく》・取帳《とりちょう》以下の文書、済例《さいれい》・納法《なっぽう》の注文などを、悉《ことごと》く提出させよ。

「地下目録」「取帳」は土地台帳の一種、「済例」「納法」は年貢の納入記録である。それぞれの荘園では、耕地の面積が調査され、年貢の基本額と納税責任者が定められている。そのための調査を正検注《しょうけんちゅう》といった。正検注の台帳をもとに、天候不順などで百姓から減免要求があれば、実際の作柄を見て、その年の年貢額を決め(内検注《ないけんちゅう》)、そして徴収することが荘官の任務の第一であった。荘官には、荘園領主から派遣される場合と、現地の有力者が勤める場合の両方があるが、いずれにしても荘園に住む人々と領主の媒介者である。現地を代表して、その意向を領主に伝える場面もあれば、領主の意向を現地で執行する場面もあった。

それに対して文中に出てくる「沙汰人」は、より現地に密着した存在で、村の代表としての性格が強い。荘官と沙汰人は、時には協力し、時には領主の代理人と村の代表者という立場からの駆け引きを行いながら、ともに検注を行った。そして基本台帳を作成したり、毎年の作柄や年貢納入状況を記録したりして、多量の帳簿を作成していたのである。定められた年貢額は、領主と百姓の間で合意された一種の契約事項であり、容易に変更できるものではなかった。百姓はもちろん納入の義務を負ったが、領主側も勝手に増徴や追徴することはできなかった。

引き続き『庭訓往来』を読み進めてみよう。

　洪水や旱魃にあい……用水工事の必要が生じたときには、土民の役として堤や井溝を整えさせよ。

すでに述べたように荘園の耕地開発は堤や井溝(用水路)の整備に基づくものだった。こうした設備を維持するための努力は、その後も続けられていたのである。

　佃《つくだ》・御正作《みしょうさく》はよい田を選んで百姓に種子を与えよ。鋤《すき》や鍬《くわ》などの農具を貸し与え、粳《うるち》、糯《もちい》、早稲《わせ》、晩稲《おくて》を作らせよ。……畠には土地の様子にあわせて蕎麦・麦・大豆などを植え、桑代を徴収せよ。

「佃・御正作」とは領主の直営田で、収穫物のすべてを領主が取得する土地である。荘園の中には、そうした箇所もあり、しかもそれは地味の良い場所が選ばれていたのである。そのかわり、耕作のために必要な資本は領主側が提供して、各種の米を栽培させていた。収穫時期の異なる米が植えられたのは、天候不順による不作のリスクに対応するためである。領主直営田が品種改良の実験場となっていたのではないかという指摘もある。また、田だけでなく、畠の産物や桑のような山の木も課税の対象とされていた。『庭訓往来』には見えないが、漆《うるし》、栗、蕨《わらび》なども荘園からの貢納物としてしばしば登場する。

荘園の政所

『庭訓往来』はさらに次のように続けている。

御館《みたち》の作りは特別の工事は必要ない。四方に大堀を構え、その内に築地を用意せよ。……南向きには笠懸《かさがけ》の馬場、東向きには蹴鞠《けまり》の坪を設けよ。……客殿に続いて持仏堂を立てよ。……その傍らには土蔵・文庫を構えよ。

ここにいう「御館」とは荘園の現地を治めるための役所である政所《まんどころ》のことで、荘官の私宅も兼ねていた。図3-4は、十五世紀半ばの備中《びっちゅう》国新見庄《にいみのしょう》にあった政所の図面である(「東寺百合文書」)。これを見ると『庭訓往来』の説くとおり、堀と塀に囲まれた空間に客殿、蔵が設けられている。政所には、一定の防御性と文書・帳簿などの保管庫が必要とされていたことがうかがえる。また笠懸の馬場と蹴鞠の坪の用意が促されているのは、政所が荘官の属する武士の文化と、荘園領主の属する公家の文化の混じり合う場であったことを示している。

政所は支配の拠点であり、百姓たちの納める年貢の集められる場であるが、同時に裁判の場でもあった。播磨の西部に鵤庄《いかるがのしょう》という戦国時代まで維持された法隆寺領の荘園があったが、

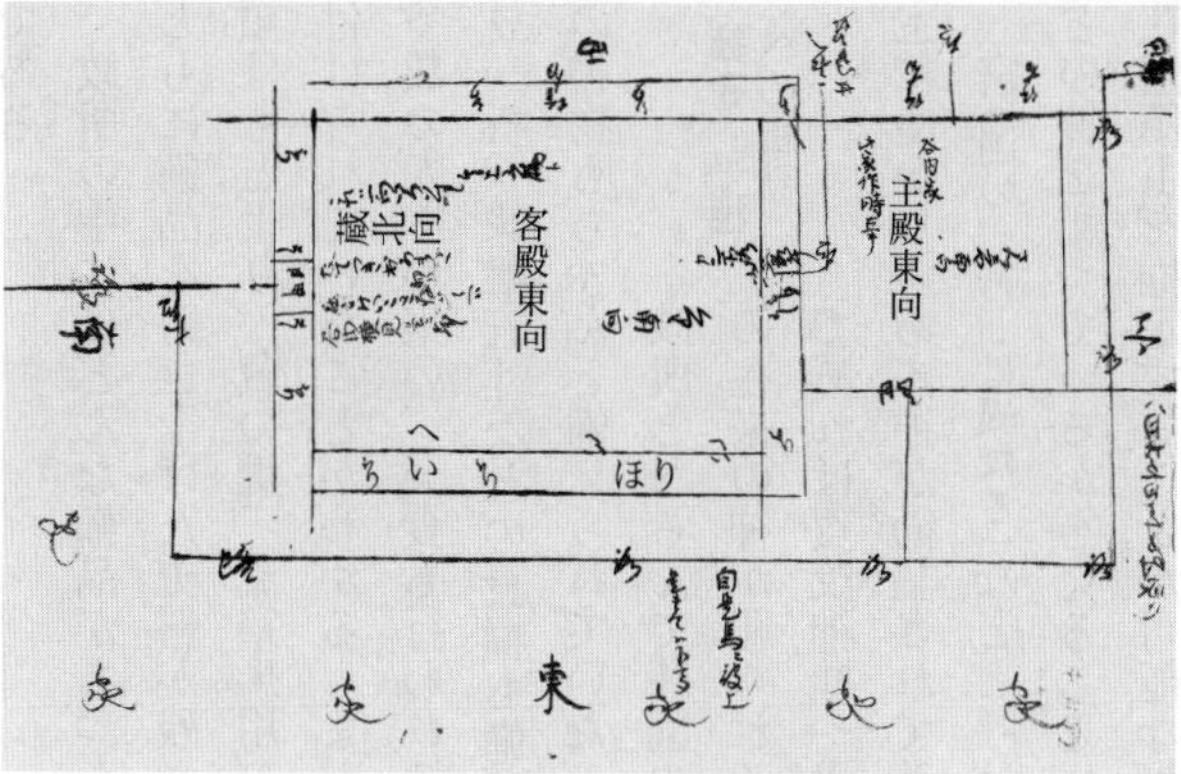

図3-4　備中国新見庄の政所指図

法隆寺や地元の斑鳩寺《はんきゅうじ》には、室町時代から戦国時代にかけて、この荘園の政所で行われていた諸事を書きとめた記録が残されている。それを見れば、庄内で起こった盗み、殺人、喧嘩などの刑事事件が政所で裁かれ、犯人に対する処罰が行われていたことがわかる。処罰や犯人逮捕にあたっては中間《ちゅうげん》、下部《しもべ》などと呼ばれる役職の人々が執行にあたっている。地元の住人のうちから登用された職員であろう。

政所はこうした支配のための場であるだけではない。正月には沙汰人や殿原《とのばら》と呼ばれる庄内の有力者たちが、政所に新年の挨拶に訪れている。また節供や暮れなどには、彼らを招待して食事が振る舞われていた。領主と領民の融和の場としても機能していたのである。役場であり、警察・裁判所であり、地域の交流施設でもある。そんな多様な機能をもった拠点が政所だったのである。

政所の中にはどんな備品があったのだろうか。先に触れた新見庄の史料には、政所の図面とともに備品を書き上げた史料が残されている。それによれば、書類や墨、硯《すずり》などの文具や食器類はもとより、蔵の鍵、流鏑馬《やぶさめ》用の衣装、馬の爪切り、鍋・釜・臼などの調理道具などが備え付けられていたことがわかる。また椀六十、黒椀五十、折敷《おしき》十九、畳二十一枚などは、政所が多数の人々が集い、会食も行われる場だったことを反映しているだろう。米一石、麦八斗、大豆一石、味噌五斗などの食糧も備蓄され、また『庭訓往来』『式条(御成敗式目)』『字尽《じづくし》』などの書物もちゃんと備えられていた。

鎮守、平穏への祈り

政所とならんで荘園の中核となるのが鎮守、すなわち荘園の守り神である。地元の在来の神が祀られることも多いが、比叡山領荘園であれば日吉《ひえ》神社、賀茂社領であれば賀茂《かも》神社や貴船《きふね》神社、摂関家領であれば春日《かすが》神社というように、荘園領主にゆかりのある神が勧請《かんじょう》されて荘園鎮守となっている場合も珍しくない。荘園鎮守は大宮、一宮(国の一宮とは異なる)などと呼ばれて、現在に至るまで存続している場合が多いが、それがどの神を祀っているかを見ることによって、関係する文献史料が十分残されていない荘園でも、荘園領主を推定することが可能な場合がある。

鎮守はその荘園の平和と豊穣を祈る場である。なかでも農業を基本とする村々では水に関する祈りには切実なものがあった。

戦国時代初めの例になるが、文亀元年（一五〇一）七月、日照りの続く和泉《いずみ》国日根《ひね》庄《のしょう》に滞在していた領主の九条政基《まさもと》は、鎮守の滝宮《たきのみや》で雨乞いの儀式が行われたことを記している（『政基公旅引付』）。滝宮はこの荘園を潤す用水路の取水口にある神社である。そして、三日のうちに雨が降らなければ滝で、さらに降らなければ不動明王《ふどうみょうおう》の堂で雨乞いが行われ、それでも降らなければ滝壺に動物の骨か頭を投げ入れて雨を乞うことになるだろうとの情報も記している。果たせるかな、三日後の昼過ぎに短時間だが雨が降り、八日後にはまとまった雨があった。滝宮の威厳は保たれた形になり、政基は「殊勝〳〵」とたたえている。

中世は神仏習合の時代である。鎮守の社は寺院と一体化しており、そこではしばしば大般若《だいはんにゃ》経《きょう》の転読や書写、保管が行われていた。現在、日本各地の少なからぬ神社や寺院には、中世に書写された大般若経六百巻が伝えられているが、大般若経は雨乞いをはじめとする五穀豊穣の祈願に用いられる経典だった。

京都府北部の丹波・丹後地域は、中世に書写された大般若経が多数残っている地域であるが、その一つ、与謝野《よさの》町の鎌倉神社に伝わる大般若経（応永五年〔一三九八〕書写）の奥書には、この書写は「風雨順時、五穀豊登、万民楽業」、すなわち、雨が必要なときに降り、五穀が実り、万民が生業を楽しめるようにとの願いをこめてなされたものであると記されている。

天候と同様に生活を脅かす疫病の流行にあたっても、人々は大般若経にすがった。同じ丹波の弓削庄《ゆげのしょう》(京都市右京区京北町)の普門院の大般若経の奥書には、天文九年(一五四〇)春、天下に疫病がはやり、弓削庄でも三百人も死んだため、犠牲者の弔いとしてこの大般若経の転読が行われたことが書かれている。天候だけでなく、病の除去も人々の痛切な願いだったのである。

現代に残る「荘園」

鎮守では、年間を通じてさまざまな神事、仏事が行われた。正月から始まる季節ごとの行事もあるし、「おとなり」「大夫なり」など、一人の人間が成長していくうえでの通過儀礼が行われることもあった。そしてそれらの行事は、住人たちが主体的に関与することによって執行されていた。

年間の行事の中でもとりわけ重要な春秋の例祭などは、庄内の有力者が輪番で請け負って執行する場合(頭役《とうやく》)と、百姓たちが集団で執行する場合(宮座《みやざ》)があった。もっとも後者の場合でも、宮座の構成員となれるのは名主《みょうしゅ》と呼ばれる人々に限られている。荘園制においては、荘内の耕地は名《みょう》と呼ばれる単位に細分化され、それぞれに年貢の請負人が定められていた。これが名主であり、百姓の中でも安定した経営を成り立たせている人々である。宮座に参加して、鎮守の運営にあたったのもこの名主たちである。

宮座の伝統は現在も各地に残されているが、特に中国地方では名を単位として運営する方式がよく残っている。さらに現在の宮座のあり方が、荘園の中世の歴史を物語っている場合も少なくない。一例を紹介しよう。

図3-5　大浦神社の競馬会

　備中の瀬戸内海岸、現在の岡山県浅口《あさくち》市寄島《よりしま》の大浦神社では、毎年十月の第一日曜に競馬神事が行われる（図3-5）。この付近は中世には、公家の徳大寺《とくだいじ》家の支配を受ける大島《おおしまの》庄《しょう》に属し、大浦神社はその鎮守だったのであるが、現在行われている競馬神事の運営に参加できるのは、「株」をもつ住人である。「株」は現在二十二株あり、それぞれの株には「是末」「宗国」「則時」というように、中世の武士の名前を思わせる名称がついている。これこそが荘園における名主の名前の遺称にほかならない。
　また二十二の株は十一株ずつ、「領家株」と「地頭株」に分けられているが、その所在地を地図に落とすと、みごとに大島庄の東部と西部に二分される。鎌倉時代後半、荘園領主と地頭の間で下地中分された荘園では、中分された二つの地区はしばしば「領家方《りょうけかた》」「地頭方《じとうかた》」と呼ばれた。大浦神社の株が「領家株」「地頭株」に分かれ、しかもそれが空間的にも二分されるということは、この地にあった荘園が、鎌倉時代に領家方と地頭方に下地中分されたという歴史を語っている。領家方に属した名主の系譜を引くのが「領家株」、地頭方に属した名主の系譜を引くのが「地頭株」であろう。

実は、大島庄の下地中分に関する文献史料は残されていない。地頭の名前もわからない。しかし現在も行われている鎮守祭礼のあり方は、まちがいなく中世の歴史を語る証人なのである。

4　交易の展開

隔地間交易

全国的な政治状況の安定と農業開発の一定の達成をみた室町時代には、列島内の隔地間での人や物の交流が盛んに行われた。海運の展開は明らかな証拠を残し、各地では港町が栄えた。そうした様子を見てみよう。

紀伊半島と関東は黒潮によって繋がれ、相互に関係が深い。関東には伊勢神宮領や熊野領が多く分布し、中世の早い時期から二つの地域の間に交流があったことが想像されるが、南北朝時代には文献のうえにもはっきりした証拠が残されている。

横浜市の金沢文庫に所蔵される「湊船帳《みなとぶねちょう》」は明徳三年（一三九二）正月から八月にかけて、武蔵の品川湊に入港した船の名前や船主を書き上げたものである。当時の品川は東京湾を代表する湊の一つで、室町時代半ばには、各宗派の寺が立ち並び、湊には多くの船が繋留されていた。綿貫友子によって、「湊船帳」に記載された船や船主の名前には「大塩屋《おおしおや》」「馬漸《まぜ》」「通《とおり》」など、伊勢の大湊（伊勢市）周辺の地名と一致するものが多いことが明らかにされている。船主の中には伊勢の塩田経営者もあり、伊勢の塩が商品として搬入されていたことが推測される。

一方、瀬戸内海を通じた西海の交易の様子は、「兵庫北関入船納帳《ひょうごきたのせきいりふねのうちょう》」で知ることができる。この帳簿は文安二年（一四四五）、瀬戸内海沿岸の湊から東大寺の支配下にある兵庫北関（神戸市）に入港した船の船籍地、積み荷の品目と量、船頭名などを記したもので、当時の瀬戸内海水運の実態がわかる稀有の史料である。そこからは瀬戸内諸国の塩、阿波の材木や藍《あい》、讃岐の胡麻《ごま》、備前の陶器、備中・備後の筵《むしろ》など、各地の特産品が畿内へ運ばれていた様子をうかがうことができる。

隔地間の交易は日本海側でも展開していた。十四世紀はじめ、加賀の東尋坊《とうじんぼう》近くの崎浦《さきうら》に停泊中だった越中国放生津《ほうじょうづ》（富山県射水《いみず》市）の大船が、地元の住人たちに船を積み荷の鮭ごと奪われるという事件があった（「大乗院文書」）。この船は幕府によって通関料を免除された「津軽船」だったというから、津軽から荷を運ぶ途中、立ち寄った崎浦で通関料の徴収をめぐってトラブルになったものであろう。積み荷は若狭湾岸の敦賀《つるが》・小浜《おばま》あたりで陸揚げされ、琵琶湖を経て京都へ運ばれていく予定だったものと思われる。津軽から北陸経由で京都に達する商品流通のルートが鎌倉末期に成立していたことが知られよう。

なお鮭は、室町時代には京都の貴族たちの間で珍重されたようで、日本海側の越前《えちぜん》や因幡《いなば》に荘園をもつ高倉家では、年貢として送られてきた鮭をあちこちに振る舞っていた。若狭に荘園をもつ伏見宮家でも、入手した鮭を天皇や上皇に贈っている。

戦国時代末期に、琵琶湖岸の港町堅田《かただ》の一向宗徒たちの歴史を記した「本福寺跡書」には、戦国時代初めごろまで、堅田商人たちは若狭《わかさ》より東は能登《のと》、越後《えちご》、奥羽まで、西は出雲《いずも》、石見《いわみ》まで出かけていたと記されている。琵琶湖と若狭湾は日本海水運で東西につながる京都の北の外港だったのである。

それだけではない。応永十五年（一四〇八）には、南蛮船が小浜に着岸し、象、孔雀、オウムなどが「亜烈進卿」から「日本国王」への進物として贈られている。「亜烈進卿」とは、スマトラ島パレンバンの華僑のリーダーで、アーリャの称号をもつ施進卿であることが、和田久徳によって明らかにされている。また、小浜には同十九年にも二艘の南蛮船が着岸している。若狭湾は東南アジアともつながる貿易の拠点だったのである。

西の窓口、博多

大宰府の外港であった博多は古代以来、東アジアとの貿易港であった。平安末から鎌倉時代には多数の中国人が居住するチャイナタウンが出現し、禅宗の巨刹が並ぶ国際貿易都市となっていた。しかし、博多も鎌倉幕府崩壊の大波に呑み込まれる。

一九七八年、地下鉄工事にともなう発掘調査により、博多区祇園町付近で一一〇個もの首骨が見つかった。これは元弘三年(一三三三)三月、鎮西探題を攻撃して敗死した肥後菊池氏の軍の遺骨であると考えられている。その二か月後、探題は滅亡し、それとともに博多は焦土と化した。博多の受けた打撃は大きかったが、やがて新開地の息浜《おきのはま》を中心に復興する。応安七年(一三七四)、当時、九州に覇を唱えていた懐良《かねよし》親王のもとにやってきた明《みん》の使節は、「石城(博多)は関西の要津」であり、船や商人が集まってきていると記している。

室町から戦国初期の博多の支配権をめぐっては、周防《すおう》・長門《ながと》の大内氏と豊後《ぶんご》の大友氏が相争うが、おおむね内陸部の旧来の博多は大内氏、息浜は大友氏が分け合う形で推移する。もっともこの時代、実際の外交や貿易を担っていたのは禅僧や商人たちだった。その例を挙げておこう。

応永二十六年(一四一九)、倭寇の被害に悩まされる朝鮮が、日本に倭寇の取り締まりの徹底を求めて対馬《つしま》・壱岐《いき》を襲撃するという事件が発生した(応永の外寇)。襲撃の情報は、九州探題の派遣した僧宗金によって京都の陳宗寿《ちんそうじゅ》に伝えられ、宗寿から足利義持に報告された。陳宗寿とは、元朝の崩壊後、中国の台州(浙江省)から博多に渡来してきた中国人の子である。義満の招きに応じて上洛し、応永十一年の遣明船で明に渡って霊方丹という薬を日本にもたらした。これによって日本では医師として知られるようになり、「陳外郎《ういろう》」の名で呼ばれる人物である。

つまり応永の外寇の報は、博多人脈で幕府に届けられたわけである。この報に接し、前年に明からの入貢要請を拒絶していた義持は、朝鮮は明と結んで日本本土を攻めようとしているのではないかと疑った。そこで十一月、義持はこのたびの事件に関する朝鮮国王の真意をさぐるために、博多の禅僧無涯亮倪《むがいりょうげい》を朝鮮に送る。その副使となって漢陽《ハニャン》(ソウル)に至ったのは、陳宗寿の子で、博多で商人として活動していた吉久だった。また翌年、講和のために来日した朝鮮の使節宋希璟《そうきけい》《ソンヒギョン》は、博多に到着すると、この吉久の世話を受けている。朝鮮との交渉に果たした博多商人の存在の大きさが知られよう。

北の窓口、十三湊

一方、目を北に転じると、本州の北端、津軽半島の日本海側に大きな港町が栄えていた。十三湊《とさみなと》である。日本海に面した砂丘の内側に形成された潟湖《せきこ》と十三湖《じゅうさんこ》にはさまれた砂州上に、中世の都市遺跡が存在している。大量の瀬戸焼や珠洲《すず》焼が出土し、それらの分析から十三世紀初めから十五世紀半ばに栄えた港町であったことがわかっている。

発掘調査によって、この都市は港湾地区と町屋・武家屋敷・領主館地区からなっており、安藤氏の本拠地と考えられている（図3-6）。安藤氏とは、鎌倉時代以来、津軽・下北地方はもとより秋田や北海道南部にまで所領をもっていた北日本の雄族である。応永三十年（一四二三）の足利義量《よしかず》の将軍就任にあたっては、馬二十匹、鳥五千羽、海虎皮三十枚、昆布五百把などを祝いとして贈っている。

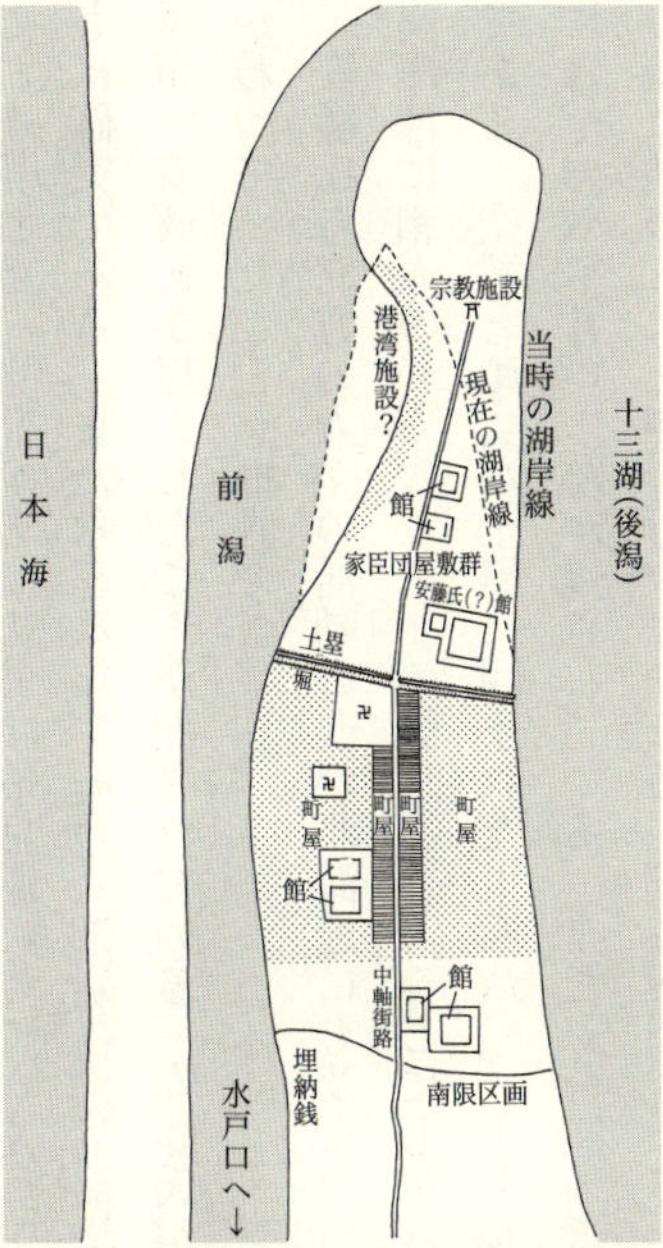

図3-6　中世の十三湊（千田嘉博原図）

これを見れば、東北地方での領主的活動だけでなく、アイヌ世界との交易を展開させていたことは確実である。また永享八年(一四三六)の若狭の羽賀寺の再建記録には、「奥州十三湊日之本将軍」安藤氏が尽力したことが記されている。安藤氏が津軽から若狭に至る日本海交易にもかかわっていたことが推測できよう。

安藤氏ら北方の人々の活動舞台が北海道にも及んでいたことは、十五世紀前半、渡島《おしま》半島の南岸部に和人のつくった十二の館があったことにも示される。函館市近郊の志苔館《しのりだて》はその一つである。空壕と頑丈な土塁に囲まれた東西八〇メートル、南北六五メートルの方形の区画の中には、屋敷や井戸の跡が残されている。また志苔館の近くからは、室町前期と推定される陶製の壺に納められた四十万枚にのぼる中国銭が出土している。この地が交易の一大拠点であったことが知られよう。

このころ和人とアイヌの間には交易をめぐる摩擦も生じており、長禄元年(一四五七)には、コシャマインを盟主とするアイヌと和人の大規模な衝突が起きている。志苔館を含む十二の館の多くはこのとき陥落したという。

このように交易の拡大によって、日本列島の南と北、西と東が結ばれるだけではなく、東アジアや北方世界とも、摩擦をともなったダイナミックな活動を広げる人々が生み出されていたのである。

京都の繁栄

列島の東西、南北の交易の結節点にあったのは京都である。朝廷や大小寺院の所在に加え、守護の在京が原則とされたことや、奉公衆が組織化されたことなどによって、この時代の京都には大量の武士も集住していた。瀬戸内海水運とは淀川で、日本海水運とは琵琶湖でつながり、陸揚げ地点となる鳥羽《とば》・伏見《ふしみ》や大津《おおつ》・坂本《さかもと》には問丸《といまる》と呼ばれる倉庫・交易業者の店が開かれ、そのもとで馬借《ばしゃく》のような運輸業者が活動していた。

洛中では、多くの商工業者がそれぞれの生業を営んでいた。『庭訓往来』は京都の手工業について、「大舎人《おおとねり》の綾」「六条の染物」「猪熊の紺」「大宮の絹」「烏丸《からすま》の烏帽子《えぼし》」「室町の伯楽《こま》」「姉小路の針」などを列挙している。「大舎人の綾」とは、朝廷の大舎人寮に属した職人たちによる高級織布生産のことで、のちの西陣織に発展していくものである。そのほかにも衣料関係を中心に、市中の各所にさまざまな産業の拠点が成立していた様子がうかがえる。

この時代の京都の商工業者で特筆すべきなのは、豊富な資金を元手に金融業も営んでいた土倉と酒屋である。土倉とは本来は倉庫業者であるが、なかには「公方御倉《くぼうおくら》」と呼ばれて、幕府や朝廷の資産を取り扱う業者もあった。酒屋については、応永三十二年(一四二五)に洛中洛外で所在調査を行ったときの記録が残されている。その広がりが当時の京都の都市域であると考えていいだろう。南北は一条から六条、東西は大宮から東京極まで広く分布しているが、四条以南にやや強めの集中が見られる。

彼らは豊富な資金を裏づけとして、諸荘園の年貢徴収を請け負う代官になることもあった。また、彼らに対する課税が室町幕府の一つの財源となっていたこと、その裕福さゆえに社会の怨嗟《えんさ》の的となり、徳政一揆では略奪の対象となったことは、よく知られたところであろう。

外交使節の見た室町時代

応永二十六年(一四一九)、応永の外寇後の和解交渉のために来日した宋希璟は、漢陽と京都の往復の旅行を『老松堂日本行録《ろうしょうどうにほんこうろく》』という書に記録している。外国人が記した数少ない室町時代の日本観察記録で、日本人の書き記した史料には見えない貴重な記事にあふれている。

とりわけ印象深い登場人物が、京都で宋希璟の通訳を勤めた魏天《ぎてん》という人物である。宋希璟の記すところによると、魏天は中国人であるが、若いときに倭寇に捕らえられて日本に来、ついで朝鮮に渡って文人の李崇仁《りすうじん》の奴婢《ぬひ》となったという。その後、外交使節に従って日本に再度渡ってきたところ、明から来た使節の目にとまって明に連れ帰られたのであるが、洪武帝《こうぶてい》は通訳として日本に送り返した。三たびやってきた日本では足利義満の知遇を得、妻と二人の娘を得て今に至っているという。宋希璟が会ったときには年齢は七十を越え、暮らしは裕福で、朝鮮語によく通じていたという。

波乱に富んだ魏天の生涯は、倭寇によって誘拐、売買されたことで始まったものであるが、中国、日本、朝鮮の三か国語に通じた優れた語学力によって、その後の人生を切り開いていったのであろう。足利義持は明との国交を行わなかった公方として知られるが、その実、禅、儒教、水墨画などの中国文化にはきわめて造詣が深く、自ら絵筆をとって水墨画を描いた(図3-7)。中華皇帝をまねて黄色い服をまとっていたともいわれる。先述した陳宗寿もそうであるが、義持の周辺にはこのようなコスモポリタンな人物もいたのである。

図3-7　足利義持の水墨画

海賊たちの法

義持と面会して、朝鮮国王には日本本土を攻める意図のないことを伝えた宋希璟は帰路につく。日本には僧侶が多いこと、町には客を引く娼婦が多いこと、尼崎あたりの村では三毛作が行われている様子など旅行記に記しながら、瀬戸内海を西に向かう。

瀬戸内海でも最も島々のこみあう芸予《げいよ》諸島の蒲刈《かまがり》まで来たときのことである。この地は幕府の命令は届かず、護衛してくれる船もつかない。不安に怯えていると、この地の慣行を教えてくれる者があった。東から来る船には東の海賊、西から来る船には西の海賊をそれぞれ一人乗せていれば、互いに襲うことはないのだという。宋希璟たちは七貫を支払って東の海賊を一人雇い、それによって襲撃を受けることなく通過することができたのである。

海賊といえば凶悪な無法集団を想像するが、彼らには彼ら独自の法があったのだ。七貫といえば、現代風にとらえれば百万円近く、決して安い額ではないが、自分たちの領域を通過するのだから、通過料を求めるのは当然であり、それを拒否するなら強制的に徴収するまで、という論理なのであろう。

交易はコスモポリタンだけでなく、こうした国家の法や論理には包摂されない、いわば内なる異人をも重要な構成要素として展開していたのである。

第四章　室町公方の理想と現実

1　徳政と武威

代始め徳政

「室町時代の徳政」といえば、債務の取り消しを求めて都市民衆の蜂起する徳政一揆を思い浮かべる読者が多いだろう。実際、そうした蜂起は十五世紀には京都や奈良を中心に頻発した。正長《しょうちょう》元年（一四二八）に京都で起きた徳政一揆の余波は翌年春まで続き、影響は畿内・近国各地に及んだ。

しかし徳政とは、本来は文字どおり「徳のある政治」、すなわち善政を意味し、乱れたものごとをあるべき秩序に戻すことがその本質であった。そして鎌倉時代後期からの政治の流れの中では、寺社領荘園の保護（神仏崇敬）と、それを実現するための公正な裁判の実現が徳政の具体的な政策であった。

この方針は室町時代にも引き継がれた。第一章で述べたように、寺社本所領荘園保護と裁判重視は足利直義《ただよし》の政治の基本姿勢であった。また第三章でも述べたように、荘園年貢の半分を武士の兵粮にあてることを認めた応安《おうあん》の半済令《はんぜいれい》も、当時の現実を踏まえれば、武士の荘園年貢奪取に歯止めをかけ、寺社の権利を保護することに目的があったと評価されている。

この応安の半済令は足利義満《よしみつ》が将軍となってまもなく、代始めの新政として行われたものである。鎌倉時代以来、徳政はしばしば為政者の代替わりにともなって行われたが、これもまた室町時代に引き継がれたのである。

応永《おうえい》十五年(一四〇八)、義満が没し、義持《よしもち》(図4-1)による執政が開始されると、義持は盛んに「仁政」という言葉を口にした。寺社からは伝統的な徳政政策に期待して、権利を侵されている荘園の返還を求める訴えが殺到した。幕府は基本的にこれに応じる方針をとった。

図4-1　足利義持

ただ、室町時代の寺社領保護は神仏崇敬の意図だけから発したものではないだろう。第二章で述べたように、室町幕府は武士だけではなく、公家や寺社をも構成要素に取り込んだ政権である。また公武の貴族たちの所領は荘園制のうえに成り立っていた。したがって荘園制の維持は幕府の務めなのである。代始め徳政は、こうした幕府の基本姿勢を象徴的に示すものであったと考えられる。そのため室町時代の荘園政策においては、寺社領だけでなく、「寺社本所領」の保護として掲げられることが多かった。しかし、寺社本所領が元の持ち主に返付される場合、その時点での知行者の権利とは当然ぶつかるから、争いの発生は免れない。そこで幕府は、応永十五年十一月、所領返還の訴えがあった場合には、対立者から守護に尋ねて現在の権利関係を調査させ、その結果を二十日以内に報告してこない場合には、訴えた者の勝訴とする方針を打ち出している。寺社本所領保護とともに、対立者にも反論の機会を与えて訴訟の公正かつ迅速な処理をはかったのである。これもまた、鎌倉時代から続く代始め徳政の流れを継承したものといえよう。

義教の徳政

さらに代始め徳政を強く意識したのは義教である(図4-2)。応永三十五年(一四二八)、義持が後継者を決めないまま没したのち、大名たちの籤《くじ》によって、義教が新たな公方《くぼう》に選出されたことは有名な話である。石清水《いわしみず》八幡宮の神前で引かれた籤は一回だけである。しかし人々に対しては、三回引いたところ三回とも義教が当たったと喧伝された。神意の強さが強調されたのであるが、籤という先例のない形で選出されたことは、義教の精神に複雑な影を落とすことになる。建前としては神によって選ばれた者という自負、それと裏腹に、他人は内心では自分の正統性を疑っているのではないかという猜疑心。恐怖政治として知られる執政の後半期は、後者が強く表れたものと見られよう。

しかし執政開始当初は、前者がより強く意識されていた。永享二年（一四三〇）から三年末にかけ、義教は御前沙汰《ごぜんざた》を行う。御前沙汰とは、寺社、公家、武士、商人たちから提起される訴訟内容を義教の御前で披露させ、そして義教自ら裁定するというものである。訴訟は所領紛争に関するものが過半で、しかも裁定結果を見ると、権利を侵害されたとする寺社の訴えを認めたものがほとんどである。つまり、御前沙汰は寺社本所領保護としての性格が濃厚だった。

さらに永享三年（一四三一）、前公方義持の正室裏松栄子が没すると、義教は真の代始めであることを強く意識する。裏松家出身の正室宗子を廃し、自ら正親町三条尹子《おおぎまちさんじょうただこ》を新たな正室に決め、ついで義持時代の三条坊門御所から室町御所（花の御所）に移る。こうして前公方時代の余韻から脱した義教は、訴訟担当の奉行人を増員するとともに、彼らから起請文《きしょうもん》（神の名にかけて誓った文書）を提出させる。そこには次のようなことが誓われている。

図 4-2　足利義教

　公方さまの成敗であっても道理に外れるようなことがあると思ったならば、臆することなく申し上げます。その場では気がつかなかったことでも、あとで気づいたら、遅すぎるなどと思わずに申し上げます。他の奉行人の担当案件でも、御裁許にまちがいがあると思ったなら、公方に申し上げるよう、担当奉行人に申します。公方にも遠慮することなく、公明正大に審理することを誓わせているのである。まさに徳政の名にふさわしい誓約である。

寺社本所領保護と公正な裁判。代始め徳政は義教にも引き継がれたのである。義教の執政は鎌倉時代から続く政治基調の中でスタートしたといえる。しかも御前沙汰といい、奉行人たちの起請文といい、このようなことは義満も義持もしていない。これは義教の徳政に臨むきわめて強い意気込みを示すものといえよう。神意によって選ばれたという自負は、執政を開始した義教に、これまでの公方たち以上に、政務に対する精力的な姿勢をとらせたものと思われる。

代始めセレモニーとしての武力発動

公方たちが代始めにあたって実行してきたのは徳政だけではなかった。公武に君臨するとはいえ、政権の中核が武士によって構成されている以上、公方は「武門の棟梁」であることを証明してみせることが、幕府を率いて政務を執行するために必要だった。

歴代の公方たちの代始めを振り返ってみよう。第二章で述べたように、足利義詮《よしあきら》は代始めにあたり、自ら甲冑《かっちゅう》をつけて南朝攻撃に臨んでいる。幼少で将軍となった義満の場合は、後見人の細川頼之《よりゆき》が大名たちを叱咤して、やはり南朝の本拠を攻撃させている。

成人した義満自身も、永和四年(一三七八)三月、右近衛大将となるとその年の冬、紀伊で蜂起した楠木一族の橋本正督を攻撃している。右近衛大将とは朝廷官制における武力のトップで、源頼朝も就任した官である。南朝の橋本氏攻撃は大人の公方としてのスタートにともなう軍事セレモニーとしてはうってつけだった。十二月十五日、義満自ら京都を出発し、石清水八幡まで進んだ。大名たちは「残るところなく」これに従ったという。八日後、義満は京都に凱旋するが、居並ぶ見物人たちの前を行くそのいでたちは、赤地の錦の直垂《ひたたれ》に弓矢を帯するという華やかなもので、騎兵二、三百を従えた姿は美しく、壮観だったという(『後深心院関白記』)。まさに代始めにふさわしい軍事パレードだったといえよう。

これらの攻撃はいずれも南朝に決定的な打撃を与えるほどのものではなく、小規模な勝利で「凱旋」しているのだが、代始めのセレモニーとしては、武力を発動させる姿を示しておくことが必要だったのであろう。

なお、この橋本氏攻撃は義満の進発に先立ち、はじめは細川氏の一族の頼基《よりもと》を大将として行われていた。ところが頼基は中途半端な攻撃で兵を引き上げるという失態を犯してしまった。そのため義満は自身で出陣し、山名氏清《うじきよ》らに橋本氏を攻撃させたのである。この細川一族の失態が細川頼之の権威を損ね、翌年閏四月の康暦《こうりゃく》の政変の引き金となった可能性がある。また橋本氏攻撃は、政変の翌年に氏清を大将として再度行われ、このときには正督らの頸《くび》を京都に持ち帰っている。

義持の姉小路氏攻撃

　では義持はどうか。義持が執政を開始した応永十五年（一四〇八）ごろは全国的に政治的安定期であり、特段に武力発動が必要とされるような状況ではなかった。ところが義持は、同十八年、突然、飛驒《ひだ》守護の京極高光《たかみつ》に命じて姉小路《あねがこうじ》氏を攻撃させている。

　姉小路氏は末席の公家であるが、北朝から飛驒国司に任ぜられて現地に在住し、半ば国人化していた一族である。後世の記録には「将軍の命に背いたために攻め落とされた」とあるが、確実な史料からは、五年前にいくつかの姉小路家領が幕府御料所とされて京極氏に預け置かれており、姉小路側の反発が予想されること、義持側近の公家山科家との間で、飛驒国内の荘園をめぐって対立があったことが知られる程度である（『教言卿記《のりときょうき》』）。姉小路氏に同調する国人もいたようであるから、あえて想像するなら、外来の守護である京極氏に対して不満をもつ国人たちが、姉小路氏を押し立てて抵抗しようとする動きがあったのかもしれない。また、姉小路氏が南朝の後《ご》亀山《かめやま》法皇と通じていたとする後世の記録もある。内乱期、姉小路氏が南朝に降った桃井直常《もものいただつね》に属したことがあったのは確かなので、南朝の残党であると付け込まれる隙はあったのかもしれない。いずれにしても公家出自のこの一族にさほどの叛意があったとは思われないが、攻撃は行われ、姉小路尹綱《ただつな》は籠城のうえ戦死した。

地元に伝わる「白川年代記」によれば、京極氏だけでなく、越中守護畠山氏、信濃守護小笠原氏、越前守護斯波《しば》氏家臣の甲斐、朝倉の各軍が攻め込んできたという。飛騨では、周囲の守護たちが挙《こぞ》って攻撃してきた悲劇的な大事件として記憶されたのである。

小を大に取り繕ったような事件であるが、この不可解な攻撃が実行された背景には、代始めにあたって武威を示さねばならないという義持側の事情があったと考えざるをえない。姉小路氏はわずかな隙をつかれて、スケープゴートにされたのであろう。

大和永享の乱の始まりと義教

こうした歴史を前提に義教の初政がある。義教が公方となって二年目の永享元年(一四二九)十一月、大和で豊田氏と井戸氏の間に争乱が起こった。中世の大和では守護は置かれず、興福寺が守護に相当する職務を果たしており、大和国内の武士を被官化して「衆徒《しゅと》」と呼んでいた。豊田氏も井戸氏も衆徒の一員であったが、その背後には、それぞれ大和の二大武士勢力というべき越智《おち》氏、筒井氏がついていた。南北朝内乱では越智氏が南朝、筒井氏が北朝についた経緯から、両氏の対立はずっとくすぶっており、幕府はもちろん筒井氏を支持していた。

今回の争乱発生の報を聞いた義教は、いち早く、細川持之《もちゆき》と赤松満祐《みつすけ》に命じて筒井氏支援の兵を送ろうとした。しかし大名たちの反対によって、軍勢の派遣は来春に延期し、交戦中止の命令を出すだけにとどめた。

そのうえで翌年二月、義教は興福寺に豊田氏退治を命じた。興福寺、つまり大和の守護は大和中の衆徒を呼び集め、その兵力によって豊田氏の城郭を攻撃して焼き払い、礎石、竹垣に至るまで破却しつくした、と幕府に報告している(『建内記』)。要した日数は一日。これまた報告にあたってはいささか大仰に取り繕った感があるが、豊田氏を支援する越智氏はかつて南朝に属していた経歴がある。代始めのセレモニーとしては、これでも十分意味はあったのであろう。

ただし大和の争乱はこれで収まるものではなかった。翌年には、筒井・越智両氏が直接的に攻撃をかけあい、同五年には幕府は赤松満祐に命じて本格的に介入することになる。それでも後述するような義教の失策もあって、事態は一層泥沼化し(大和永享《やまとえいきょう》の乱)、応仁の乱、さらには戦国の争乱へと続いていくことになる。

2　公方の蹉跌

鎌倉府と幕府

足利尊氏が幕府を開いたとき、幕府の所在地としては京都と鎌倉のどちらがふさわしいかという議論があったことを記憶されているだろうか。そうしたことが議論されるほど、鎌倉は室町時代においても依然として東国の中心であり続けた。

鎌倉府は、伊豆を含む関東と奥羽を統治する機関である。尊氏の三男基氏《もとうじ》とその子孫たちが代々ついた鎌倉公方（六七頁系図参照）、上杉氏が勤めた関東管領《かんとうかんれい》を中心に、直轄領としての御料所、直臣組織としての奉公衆、官僚としての奉行人をもち、鎌倉五山と鶴岡八幡宮を頂点とした体制護持の宗教構造を形成させていた。まさに幕府と相似形の組織であった。

鎌倉公方には京都の公方と協調して全国統治を行うことが期待された。しかし実際には必ずしも両者の協調がうまくなされたというわけではなかった。

康暦元年（一三七九）三月、関東管領上杉憲春《のりはる》が鎌倉で自害した。京都で細川頼之に対する斯波義将《よしゆき》らの反発が強まっていた最中のことだった。室町中期に成立した関東の軍記『鎌倉大草《かまくらおおぞう》紙《し》』には次のように書かれている。

京都の騒動に関して内々に勧める人があったのか、鎌倉公方足利氏満には思い立つことがあって、憲春に諮った。憲春は驚いて諫《いさ》めたが、氏満はすでに決めたこととして承知しなかった。……憲春は「御謀叛叶うまじ」と遺言を書き、自邸の持仏堂に入って切腹した。

これを信ずれば、氏満は頼之もろとも義満の排斥をもくろむ勢力の誘いに乗ろうとしていたことになる。実際、関東管領の自害という衝撃的事件の報に、京都では関東野心と受け取る向きがあった。そして憲春の諫死によって思いとどまった氏満は、自筆の起請文を書いて義満に陳謝した。これによって、事は不問に付されたのである。

氏満の子満兼《みつかね》は、より鮮明に幕府に対する叛意を示したことがあった。応永六年(一三九九)、幕府に反旗を翻《ひるがえ》した大内義弘《よしひろ》は、諸方の大名に同調を呼びかけていた(応永の乱)。満兼はこれに呼応して上洛の軍を進めようとしたのである。同年七月、満兼は興福寺衆徒に対し「天命を奉じ、暴乱を討ち、国を鎮め民を安からしめん」(「寺門事条々聞書」)と書き送っている。幕府を攻めるとは書いていないが、「天命」を受けて攻める相手は幕府しかあるまい。また堺に籠城した義弘も十月、興福寺の衆徒たちに「鎌倉御所(満兼)が京都に攻め上って来るから忠節を致せ」(同)と同盟を求めている。実際、満兼は同年十一月、鎌倉を発ち、東山道で下野《しもつけ》国足利まで進んでいる。まちがいなく義弘と満兼の間には約諾があったのである。

しかし満兼は結局思いとどまって鎌倉に引き返し、義弘は十二月末に堺で敗死した。満兼を翻意させたのは上杉憲定《のりさだ》の諫言であった。応永七年六月、満兼は伊豆三島大社に起請文を捧げ、次のように誓っている。

満兼は小さな考えから大軍を起こしましたが、上杉憲定の深慮ある補佐によって和睦の道を択《えら》びました。……その諫《いさめ》に従って異心を翻し、過《あやま》ちを改め、咎《とが》をお詫びします。

形式的には神に誓ったものであるが、実質的には義満に対する詫び状である。この起請文を捧げたのちは、満兼は京都と穏便な関係を保っていくことになる。

持氏の登場

幕府と鎌倉府との対立が抜き差しならなくなったのは、満兼の子持氏《もちうじ》の時代である。父の早世によって十二歳で鎌倉公方となった持氏は、はじめ上杉氏の長老氏《うじ》憲《のり》（禅秀《ぜんしゅう》）の補佐を受けたが、しだいにこれを疎むようになり、氏憲に代えて憲基《のりもと》を重用するようになった。ところがこのころ、鎌倉公方の補佐役として勢力を拡大させた上杉氏はいくつもの家を分出し、氏憲の犬懸《いぬがけ》家と憲定・憲基らの山内《やまのうち》家は競合関係にあった（図4-3）。憲基の重用に、氏憲は不満を募らせることになる。

応永二十三年（一四一六）暮れ、氏憲は満兼の弟満隆《みつたか》と結んで挙兵し、持氏と憲基を攻撃した。不意を衝かれた持氏・憲基は鎌倉から敗走し、それぞれ駿河《するが》と越後《えちご》に逃れた（上杉禅秀の乱）。当初は、氏憲側が幕府の支持を得ていると宣伝したこともあって、氏憲に味方する者も多かっ

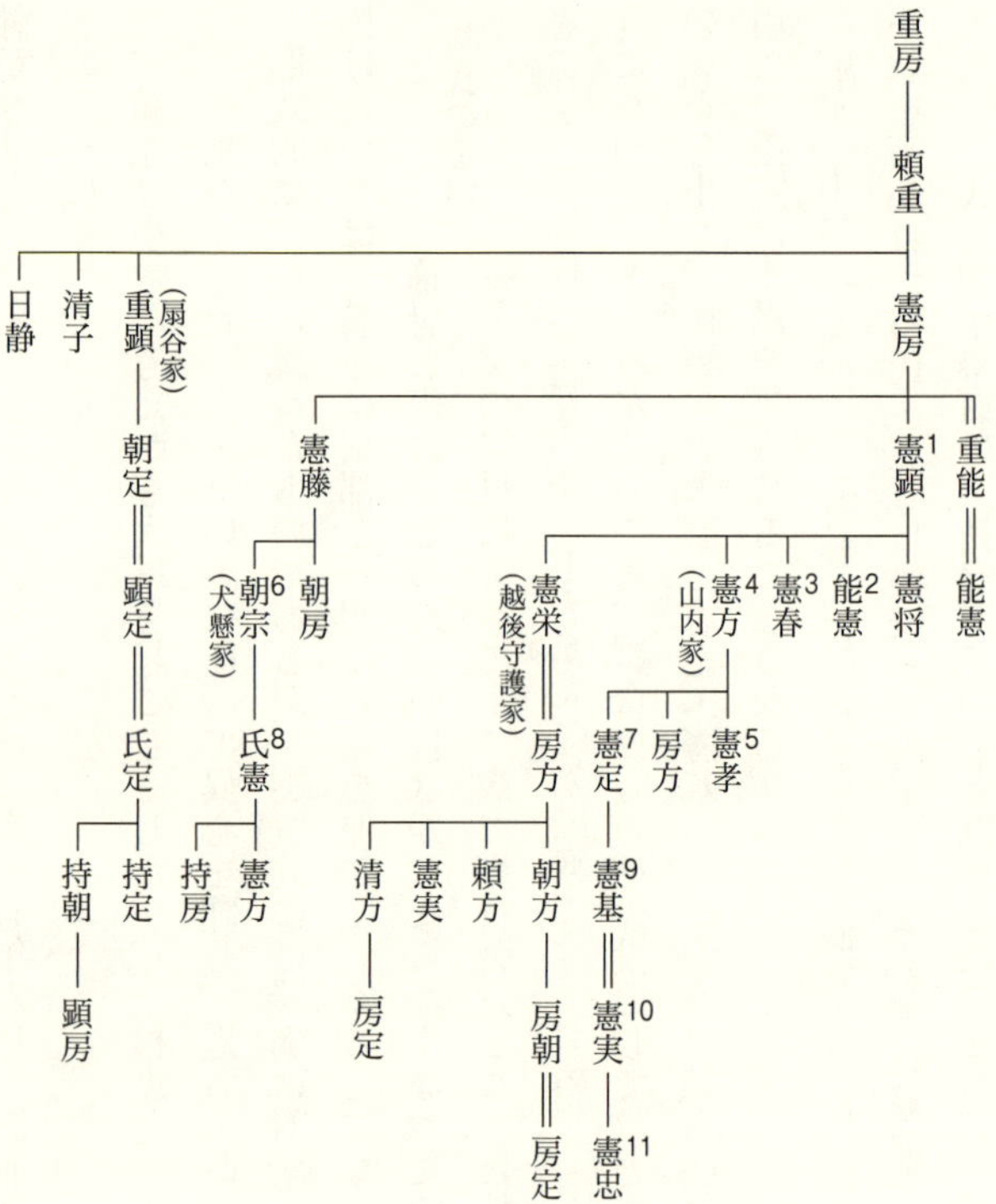

図4-3　上杉氏系図(数字は関東管領の順)

たが、まもなく幕府は持氏の支援を決定し、駿河の今川氏、越後の上杉氏らが一斉に鎌倉を攻撃したため、翌年正月、氏憲はあえなく敗死した。

幕府が持氏に恩を売った形であるが、その後の幕府と持氏の関係は友好的には進んでいかなかった。上杉禅秀の乱ののち、幕府は関東に親幕府派の勢力を配置しておく必要性を感じ、下野の宇都宮氏、常陸《ひたち》の山入氏、小栗

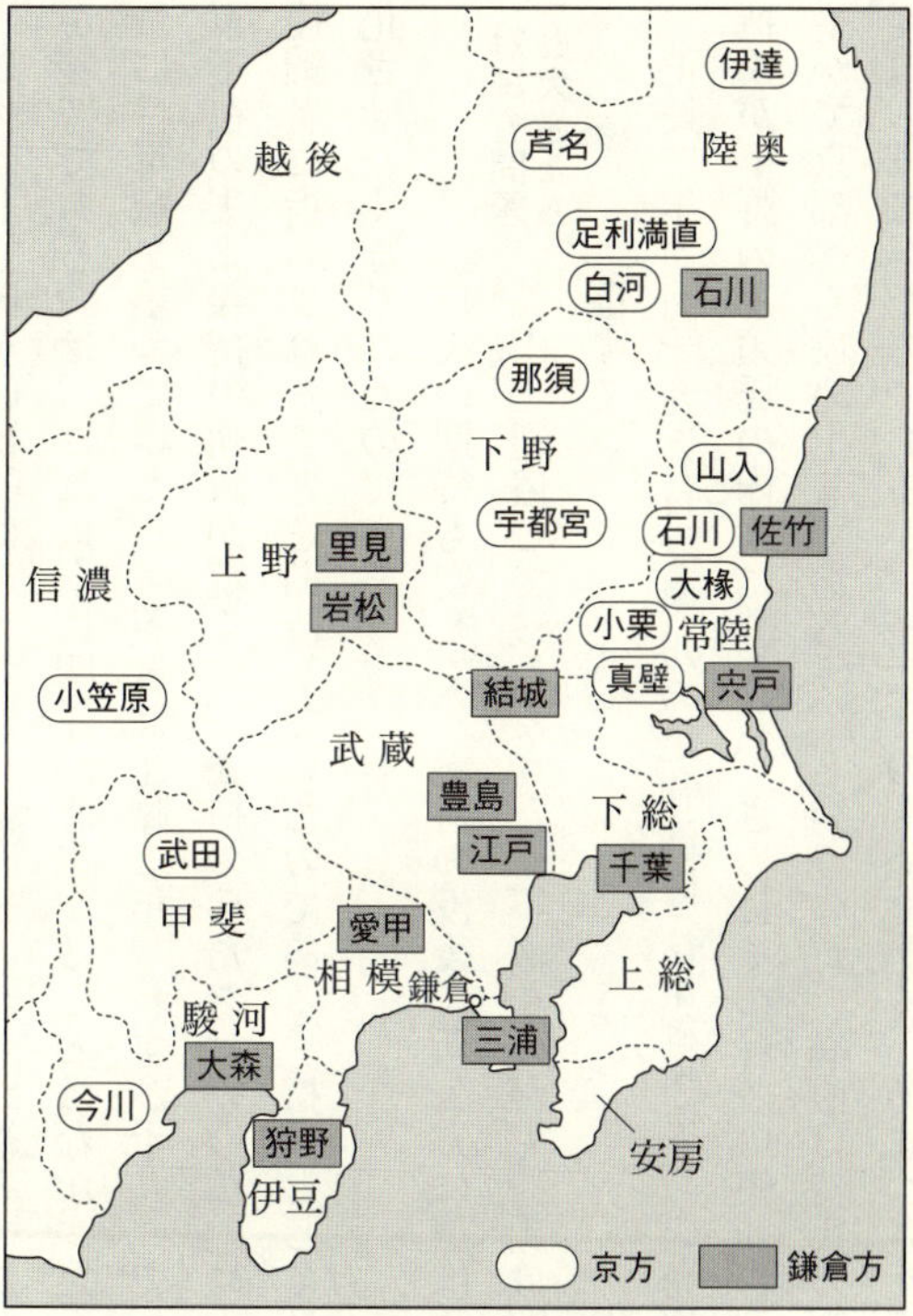

図4-4　上杉禅秀の乱後の関東武士

氏、真壁氏ら、北関東の有力な武士たちを幕府として支援する姿勢を明確にする(図4-4)。彼らは京都扶《ふ》持衆《ちしゅう》と呼ばれる。一方、持氏は武田信満ら、氏憲に味方した武士に対して苛酷な断罪をしたにとどまらず、上杉氏の補佐から自立して、鎌倉公方自身が強力に関東の武士たちを主導する体制を志向するようになっていく。そのため、まもなく京都扶持衆たちへの攻撃も始めるようになっていった。

これは上杉氏が伝統的にとってきた幕府との協調路線との決別につながる。が、幕府の公方が義持である間は、これ以上に関係が悪化することはなかった。義持は、生前に唯一の男子義量《よしかず》に将軍職を譲っていたが、義量は在職二年、わずか十九歳で死去してしまう。しばらくは将軍不在のまま義持の執政が続くが、義持の弟たちはみな仏門に入っていたため、持氏は密かに後継者に指名されることを期待していたのである。持氏としては、幕府との関係をこれ以上悪化させたくなかったのであろう。

対鎌倉問題と大名たち

持氏の期待も空しく、義持の没後、新公方に選ばれたのは義持の弟の青蓮院《しょうれんいん》門跡義円《ぎえん》、還俗して義教《よしのり》だった。不満をいだく持氏は関東の京都扶持衆への攻勢を再開する。

正長二年(一四二九)五月、奥州の足利満直《みつなお》(篠川御所《ささがわごしょ》)から、幕府に次の情報がもたらされた。持氏が下野の那須氏の内紛に介入し、さらにその縁戚の奥州白河氏への攻撃の用意も始めた、やがて京都へも攻め上るであろう、というのだ。満直は持氏の叔父、鎌倉府から奥羽の統治を委ねられていたのであるが、持氏との関係は悪く、あまつさえ持氏にとって代わろうとの野心を抱いていたといわれる。

満直からの報を得た義教は、関東に隣接する越後、信濃、駿河から軍勢を出すべきかどうか、大名たちの意見を聴取した。七月二十四日のことである。この諮問に対する各大名の回答は、それぞれの大名の対鎌倉問題へのスタンスを示していて興味深い（『満済准后日記』）。

攻撃に最も積極的に賛成したのは山名時熙《ときひろ》と赤松満祐で、「何の問題があろうか」と答えている。細川満久《みつひさ》と一色義範《いっしきよしのり》は「出陣の用意はさせ、状況を見て出陣させるのがよい」、管領畠山満家《みついえ》は「ともかく上意次第」と答えた。明確に反対したのは斯波義淳《よしあつ》と畠山満慶《みつのり》で「しかるべからず」と答えている。

何が大名たちの意見を異なるものにさせたのか。各大名の分国を見てみよう（図4-5）。畠山満家は河内・紀伊・越中、山名は但馬・因幡・伯耆・備後、赤松は播磨・美作《みまさか》・備前、細川満久は阿波、一色は若狭・丹後・三河、斯波は尾張・遠江・越前、畠山満慶は能登である（細川本家は当主持元の死去直後のため、諮問を受けていない）。

これを見れば明らかなように、積極派の山名と赤松は西国の守護であって、たとえ関東と戦争が起きても自分たちには関係ないのである。逆に反対派の斯波の分国は東海経由にせよ、北陸経由にせよ、関東への出陣経路上に位置している。北陸に分国をもつ畠山の場合、管領は立場上「上意次第」と答えるほかないだろうが、そのかわり満慶は明確に反対を表明している。

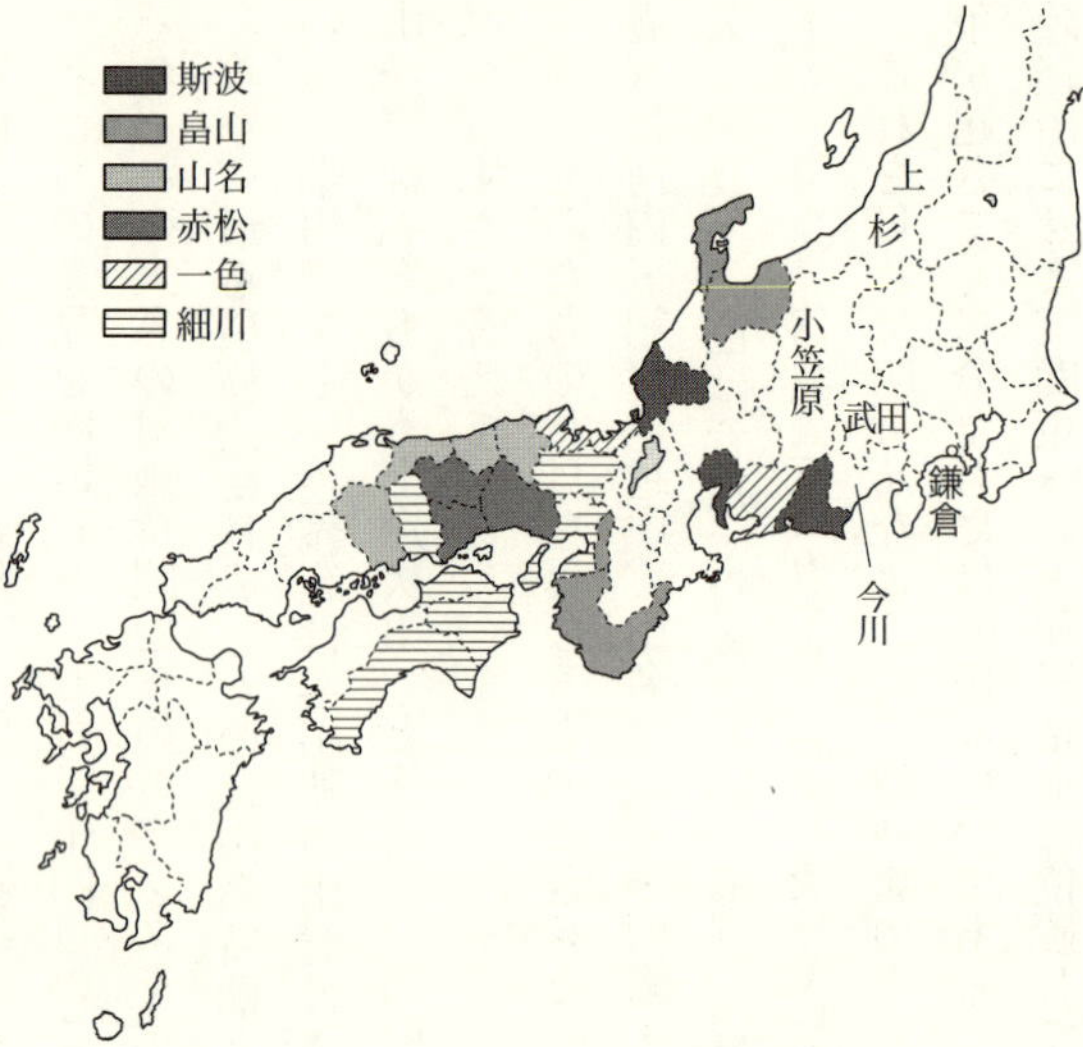

図 4-5　おもな在京大名の守護国

つまり、大名たちは実際に関東と京都の間で戦争が起きた場合、自分の一族や家臣にどんな影響が及ぶかを考えて、意見を述べているのである。

元来、幕府の対関東政策において、越後上杉氏、信濃小笠原氏、甲斐武田氏、駿河今川氏は幕府側の最前線として位置づけられており、彼らにとっては、火急の際に軍事行動をとることは一つの任務である。実際、上杉禅秀の乱のときには出陣している。しかし鎌倉府と幕府の全面対決となれば、それだけではすむまい。とりわけ切実なのは斯波氏である。勇ましい意見を述べようものなら、たちまち負担は自らに撥ね返ってくるだろう。実際、のちに永享の乱が起きたときには、斯波軍は鎌倉攻撃に加わっているのである。

斯波家の懊悩

斯波義淳の心中は義教もよく見通していた。しかし義教の意志はすでに軍事行動も辞さないという方向に動いていたし、万一の場合には斯波氏の協力は何としても得なければならない。義教が打った手は、義淳を取り込むことだった。ちょうど高齢の管領畠山満家は辞意を申し出ていた。その後任に義淳を指名したのである。八月下旬のことである。さきほどの大名たちへの諮問でも示されたように、管領は立場上、公方に協力せざるをえない。その立場に義淳を据えようとしたのである。

義淳は頑強に管領就任を拒否する。拒否は義淳個人の意志ではなかった。義教は斯波氏重臣の甲斐、織田、朝倉を呼びつけて主君を説得するよう要請するが、重臣たちは「無能な者を管領にしても公方様のためになりません」というばかりだった。義淳の管領就任が何をもたらすか、重臣たちは見通しており、就任拒否は家中あげての意志だったのである。

義教は自ら斯波邸に乗り込むとまで言い出したが、結局、大名衆議の取りまとめ役である三宝院満済《まんさい》が斯波邸に出向き、来春までという条件付きで、ようやく義淳を説得したのである。

それから二年後の永享三年三月、鎌倉公方持氏はようやく義教の将軍就任祝いの使節を送ってきた。しかしあまりに遅い祝いに、義教は使節と対面しようとしない。約束の期限も守られず、いまだに管領をやめさせてもらえない斯波義淳は、鎌倉府との関係悪化を恐れてしきりに対面を促すが、義教は、持氏が異心なき旨の起請文を提出することを対面の条件として求める。しかし、そのようなことを鎌倉に求められるはずはなく、使節は対面できぬまま四か月もとどめ置かれたのである。七月になって、他の大名たちによる説得や、使節自身が起請文を書いたことでようやく対面が叶ったのであるが、疲れ果てた義淳は再度辞意を申し出る。

それでも義教はあれこれ理由をつけて義淳の辞職を許さなかった。義教には鎌倉との対立の決着方法について一つの構想があった。それが第二章で触れた富士見物旅行である。永享四年九月初め、義教は富士見物と称して、大名、近習《きんじゅう》たちを引き連れて駿河まで下向した。経路にあたる諸国の守護たちは義教の宿泊に対応するために、それぞれの任国まで出向いたようである。このものものしい下向は当然鎌倉への示威行動であるが、同時に代始めにあたっての武威の一大デモンストレーションとも見なせよう。関東管領の上杉憲実《のりざね》からは、「持氏はいよいよ攻撃されるかと怯えている」との情報が京都に届けられている。

持氏を震え上がらせることができれば、義教としてはさしあたり成果としては充分だった。駿河の清見関《きよみのせき》(静岡市清水区)まで関東に接近した義教は、九月末、悠然と京都に戻っている。持氏の関東での軍事行動は小休止となり、義淳はようやく管領の辞職を認められたのである。

鎌倉府との関係が小康状態になったころ、義教は新たな頭痛の種をかかえていた。比叡山の山徒（下級僧侶、僧兵らの集団）たちが、山徒の中の悪行人の処断と、それと結託する義教の側近の罷免を求め、日吉社の神輿《みこし》を奉じて京都に強訴《ごうそ》してきたのである。比叡山の強訴といえば、平安末期の朝廷を悩ませたことで知られるが、室町時代においても比叡山は国家鎮守の一大宗教勢力である。かつてほどの頻度ではないが、強訴は依然として行われていたし、幕府も容易に手出しはできなかった。

比叡山山徒の強訴

永享五年（一四三三）七月、山徒たちが提出した訴えは十二か条にのぼるが、主要な要求は次の五つである。

①罪科によって処断された山徒の所領が、幕府の御料所にされたり、公家や武家に与えられたりしているが、これは他の山徒に安堵されるべきものなので、返還してほしい。

②山徒の一人猷秀《ゆうしゅう》は堂舎の修造を行うといって多くの寄進を得ながら私腹を肥やし、幕府要人に賄賂を贈っている。

③義教側近の赤松満政《みつまさ》は猷秀を贔屓《ひいき》にし、そのうえ収賄に耽っている。

④比叡山担当の幕府奉行人飯尾《いいお》為種《ためたね》も報酬を受けて猷秀を贔屓にし、万事猷秀に都合のよいように計らっている。

⑤このごろは多くの奉行が奸曲《かんきょく》(よこしまな企み)を構え、訴訟を正しく公方に披露することを怠っている。

これらの個別の論点を示したうえで、われわれの訴えは公方の「善政」を軽んじるものではなく、奉行たちの奸曲を改め、公方の「徳化」を仰ぐためのものである、と主張している(『看《かん》聞日記《もんにっき》』)。

山徒たちの要求を見ると、①は山門所領の返還を求めたもの、③以下は幕府裁判関係者の不正を訴えたものである。これはまさしく寺社本所領保護と公正な裁判という「徳政」の要目に対応したものである。山徒たちは「善政」「徳化」という言葉を使っているから、その要求は明らかに義教の徳政を意識したものだったと考えられる。

したがって義教としても彼らの訴えをむげに拒否することはできない。洛中に迫ってくる山徒らを、鴨川を防衛線として排除しつつも、猷秀、赤松満政、飯尾為種の三人は、形式的にではあるが、流罪に処さざるをえなかったのである。

徳政の結末

しかしこの事件は長く尾を引いた。同じ年の八月、天台門徒でありながら強訴に加わらなかったとして、比叡山の山徒らは三井寺《みいでら》を攻める。幕府はこれに対する処罰として十一月、山名時熙、土岐持益《もちます》らの大名に命じて比叡山を攻撃させる。琵琶湖岸、日吉社門前の都市で山徒たちの本拠地である坂本付近で戦闘があり、幕府軍、山徒の双方に死者が出た。

このときは山徒の中心人物が隠居することで、ひとまず落ち着いたが、翌六年七月になると、山徒たちが鎌倉府と同心しているとの噂が立った。この噂の真偽は不明だが、まもなく比叡山への登り道に堀や木戸が設けられて、城郭化しつつあることが発覚した。即座に幕府は近江、若狭、越前にある比叡山領荘園の年貢を差し押さえるよう、それぞれの国の守護に命じた。比叡山の兵粮断ちを図ったものであろう。

年貢収納時期の十月、各地の比叡山領荘園で山徒と守護の小競り合いが起こる。ついで再び神輿を奉じての強訴が始まり、山徒たちは根本中堂《こんぽんちゅうどう》に籠って、攻撃がなされるなら堂に火を放つと気勢をあげた。十一月、幕府は諸大名あげての攻撃軍を組み、坂本は焼き払われた。

これでは山徒もたまらない。十二月、山徒側は中心人物の円明坊兼宗《えんみょうぼうけんそう》を追放し、月輪院慶賢《げつりんいんけいけん》ら四名が幕府まで謝罪に出向くことで許してほしいと申し出た。義教も根本中堂からの退去、神輿の帰座などを条件に、この申し出を受け入れた。その直後、円明坊の失踪や、幕府まで出向く予定の四名のうち一名の自殺があったが、山徒から義教への謝罪はなされ、これで一件落着かと思われた。

ところが翌七年二月四日、管領細川持之から呼び出された月輪院らが京都に赴いたところ、突然捕縛され、即日斬首された。うち一名は山徒の宿老で八十歳を越えていたという。この一件は義教の歓心を買うための持之の独断だったと思われるが、それでも義教は喜び、幕府側の人々は祝福した。しかし、その二日後の真昼、怒った山徒たちは根本中堂に籠って火を放ち、堂もろとも自害して抗議の意を示したのである。

最澄《さいちょう》の創建になる根本中堂の炎上は九世紀以来のことである。これにはさすがの義教も大きな衝撃を受けた。天台宗の青蓮院門跡だった経歴をもつ義教にとって、これは受け容れがたいできごとだっただろう。この山門騒動事件について語ることは厳禁され、町で噂をしただけでも首を刎《は》ねられた。

しかし事の経緯を振り返れば、徳政の実施が誘発した山徒の強訴であり、号令をかけても改善されない賄賂横行の幕府裁判の実態の暴露であった。意気込んで始めた徳政の無残な結末に義教の自信は大きく傷つき、こののちは猜疑心と激情にかられた行動に走っていくことになる。

永享の乱と結城合戦

義教の動揺を見透かすかのように、鎌倉の持氏が再び動き始める。永享八年(一四三六)、信濃で守護小笠原氏と北信の国人村上氏の抗争が始まると、持氏は村上氏支援の軍を送ろうとした。しかし信濃は鎌倉府の管轄国ではない。持氏を制止したのは、関東管領の上杉憲実だった。憲実の分国である上野《こうずけ》からは兵を出さず、持氏は軍の派遣を断念せざるをえなかったのである。憲実は、幕府と鎌倉府の融和に努めてきた上杉家代々の任務を果たしたといえよう。

しかし、これは鎌倉公方主導の体制を志向している持氏にすれば非常に不満であった。永享十年六月には、持氏は嫡子の元服を鶴岡八幡宮で行い、自ら烏帽子親《えぼしおや》となって「義久」と名づけた。鎌倉公方の嫡子の元服では京都の公方が烏帽子親となり、公方の名前の下の一字を与えるのが先例である。氏満、満兼、持氏の上の一字は、尊氏、義満、義持から与えられたものなのである。ところが「義久」という名前は京都の公方と同様、「義」を上に付ける形式であり、当時の通念からすれば、鎌倉府を幕府と対等に位置づける意志の宣言を意味する。しかも上杉憲実はかねてより義教に烏帽子親となってくれるよう段取りをつけていたのだから、面目をつぶされた形である。

もはや持氏と義教・憲実の関係の修復は不可能だった。七月末、幕府は今川氏らに、持氏と憲実の間に合戦が始まれば、直ちに憲実に加勢するようにという指令を出している。八月、憲実が自らの分国上野に下ると、持氏はこれを討つための軍を派遣する。一方、九月には小笠原、今川、武田氏らの軍が関東攻撃を開始する。斯波氏も傍観者ではいられなかった。大和に出陣

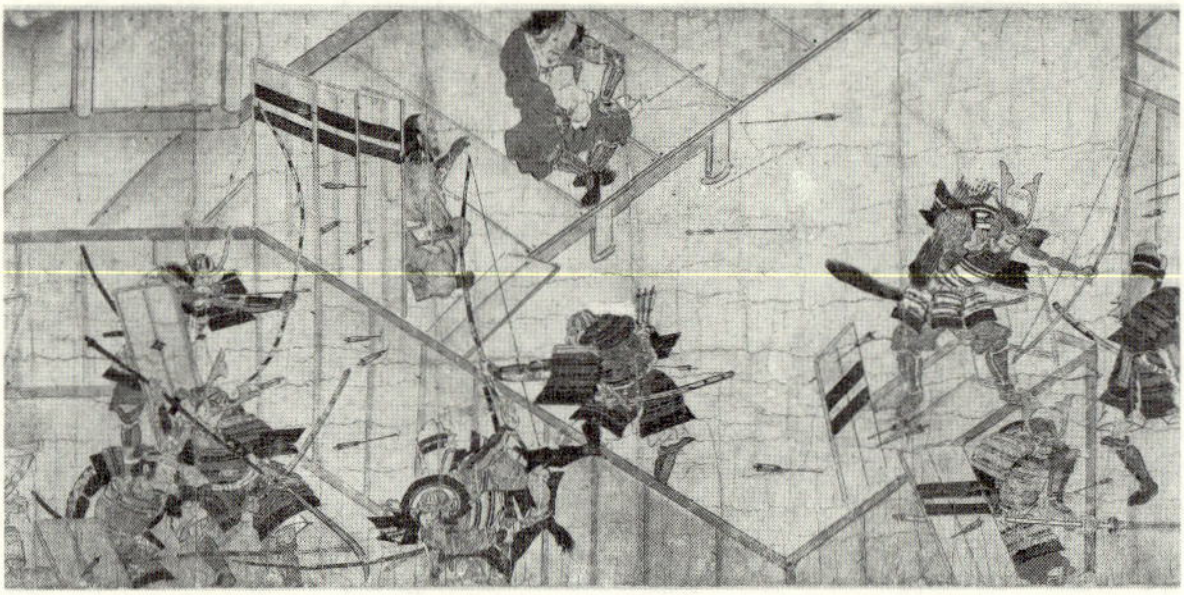

図 4-6　切腹する足利持氏（『結城合戦絵詞』より）

中だった甲斐ら重臣たちを引き上げさせると、関東に向かわせた。幕府方の迅速な動きを見て、憲実も上野を発して鎌倉攻撃に加わった。鎌倉では寝返る者も続出した。

十月、鎌倉は総攻撃を受けて陥落、持氏は永安寺《ようあんじ》に幽閉され、翌月、出家した（永享の乱）。憲実は京都に使節を送って持氏父子の命だけは助けるよう願ったが許されず、翌年二月、持氏と義久は自害した（図4-6）。憲実もまた、主君を救えなかったことを悔やんで管領職を辞し、出家してしまった。

しかし鎌倉府の旧臣はまだ生き延びていた。永享十二年（一四四〇）三月、下総《しもうさ》で持氏の二人の遺児安王丸《あんおうまる》と春王丸《しゅんおうまる》が挙兵し、やがて結城氏朝《ゆうきうじとも》が二人を結城城に迎えて籠城を始めた（結城合戦）。幕府方は上杉氏をはじめ、北関東の京都扶持衆、今川氏、小笠原氏ら関東隣接地域の大名ら十万もの大軍で結城城を囲んだ。膠着状態のまま籠城は一年以上に及んだが、嘉吉元年四月、幕府方の総攻撃によって城は落ち、安王丸・春王丸兄弟は京都に護送される途中、美濃垂井《たるい》宿で殺害された。

幕府開設以来、足利氏と上杉氏を両輪として関東を支配してきた鎌倉府は、ここでいったん活動を停止することになったのである。

義教の破滅

義教はもともと好悪の感情が強かったらしく、執政の初期より「突鼻《とつび》」(勘当)を受けて所領を取り上げられたり、出家させられたりする公家、近習、女房は少なくなかったが、比叡山の騒動ののち、義教の処断はいよいよ激情性、凶暴性をあらわすようになる。用意した食事がまずいといわれた御膳奉行、金千五百両の供出を求められて、もっていないと答えた金商人、室町殿の侍女と密通した僧らが次々と首を刎ねられた。突然、何年も前の行動を咎められて、所領を取り上げられた楽人《がくじん》もいた。

義教の苛烈な処分の対象は、幕府中枢の大名たちにまで及んだ。

結城の籠城戦が続いている最中、大和でも戦いが行われていた。永享初年から続く筒井氏と越智・箸尾《はしお》氏の抗争である。義教は一色義貫《よしつら》と土岐持頼《もちより》に命じて筒井氏を支援させていたのであるが、永享十二年五月、その役目をほぼ終え、撤収の準備をしていたところで、二人は義教の近習武田信栄《のぶひで》らに襲われて殺害された。一色氏の京都の館も襲撃され、留守を預かっていた家臣たちもほとんど命を落とした。そのうえ義貫と持頼が守護であった国々は、武田信栄ら義教の近習に与えられたのである。

二人の大名に対する理不尽な仕打ちを見て、次は自分の番ではないかと恐怖したのが赤松満祐である。満祐と義教の関係は悪いものではなかったが、赤松一族の中には義教の寵愛する貞《さだ》村《むら》がおり、以前から、満祐に代えて貞村が取り立てられるのではないかという噂が流れていた。大和での一色・土岐謀殺事件ののち、満祐は「狂乱」を理由に幕府への出仕をやめ、家臣の家に籠居した。恐怖のあまり、実際に精神に変調をきたしたのかもしれない。

翌嘉吉元年(一四四一)六月二十四日、満祐の子や弟は、結城合戦の戦勝祝いの猿楽《さるがく》と称して義教を赤松邸に招き、猿楽の最中に襲って殺害した。在京中で同席していた西中国の大名大内持世《もちよ》、近習の山名熙貴《ひろたか》らも死亡、側近の公家正親町三条実雅《さねまさ》も重傷を負った。

赤松一族は自邸を焼き、その日のうちに播磨に下って行った。翌月、山名持豊《もちとよ》・細川持常《もちつね》を大将とする幕府軍が発せられ、九月、赤松一族の籠城した城山《きやま》城(兵庫県たつの市)は落城し、満祐らは自害した(嘉吉《かきつ》の乱)。公方暗殺という挙に出た以上、こうした処分を受けることは当然である。しかし、その一方で義教の執政下で処罰されていた人々は次々と赦免されていった。また義教遭難の報を聞いた伏見宮貞成《さだふさ》親王は「自業自得」「犬死」などと記している。義教の死が人々に解放感をもって受け止められたことは確かである。

3　室町幕府体制の動揺

大名家の動揺

義教の死後、嫡子千《ち》也《や》茶丸《ちやまる》(のちの義勝《よしかつ》)が公方となるが、嘉吉三年(一四四三)七月、痢病によってわずか十歳で急死する。ただちにその弟の三《み》春丸《はるまる》(のちの義政《よしまさ》)が「室町殿」「公方」と呼ばれるようになるが、これまた八歳の幼主であり、自ら文書を発給するのは享徳三年(一四五四)からである。この間、管領細川勝元も幼かったため、畠山持《もち》国《くに》をはじめとする大名たちの合議による政務が行われた。

十三年にわたり、実際には意思決定のできない幼君の時代が続くことになるわけだが、その間、幕府政治の行方を大きく左右する二つの問題が芽生えていた。

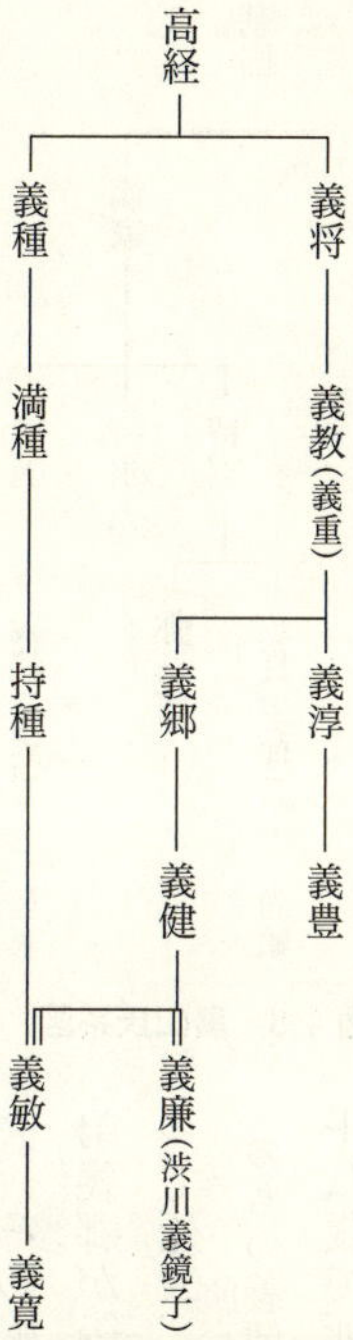

図4-7　斯波氏系図

一つは管領家の後継者問題である。

斯波氏では、義教のもとで苦労した義淳が永享五年(一四三三)に三十七歳で死去、その嫡子義豊《よしとよ》は父に先立っていたため、弟義郷《よしさと》が後継者となるが、三年後に落馬によって死去、二歳で跡を継いだその子千代徳丸《ちよとくまる》（のちの義健《よしたけ》）もようやく成人した享徳元年に十八歳で死去してしまう。相次ぐ不運により、足利一門きっての名門斯波氏は嫡流の後継者を失ってしまったのだ（図4-7）。越前の大野に所領をもつ庶流から十八歳の義敏《よしとし》が入って斯波本家を継承し、その実父持種《もちたね》が後見人となったのであるが、持種・義敏父子と斯波本家累代の重臣甲斐氏との間には対立が生じ、斯波氏の政治的発言力は大きく後退していく。

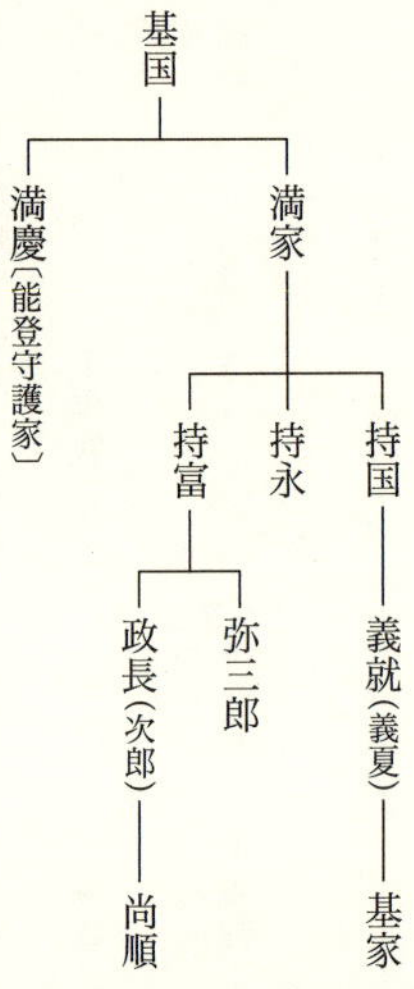

図4-8　畠山氏系図

畠山氏にも深刻な問題が発生する。幼君の時代の幕府の重鎮持国には四十歳まで社会的に認知された子はおらず、弟持富《もちとみ》を養子としていた（図4-8）。ところが文安五年（一四四八）十一月、実子とされる十二歳の男子が公方義政に紹介され、義夏《よしなつ》（まもなく義就《よしひろ》と改名）と名乗ることとなった。持富は廃嫡され、まもなく死去したが、義就は桂女《かつらめ》と呼ばれる行商の女性の生んだ子で、畠山氏重臣の中には本当に持国の子かどうか、公然といぶかる者もあった。京都の東寺に伝わる過去帳では、義就は「皮屋子」（武具職人の子の意味か）とされている。その出生への疑念から義就の相続を認めない遊佐氏、神保氏ら重臣たちは、持富の子弥三郎《やさぶろう》を強力に推したため、享徳三年（一四五四）には、弥三郎派と持国・義就派との間は血の応酬をする関係に陥ってしまった。

その混乱の中で持国、弥三郎はともに病没するが、重臣たちは弥三郎の弟次郎（政長《まさなが》）を擁立し、義就との対立が続いた。この畠山氏の内紛は幕政だけでなく、畿内社会に甚大な影響を及ぼすことになる。

鎌倉府の復活と自立

もう一つの問題は関東の情勢である。永享の乱で鎌倉府はいったん解体するが、文安四年（一四四七）、足利持氏の遺児で信濃の大井氏のもとに匿われていた万寿《まんじゅ》王丸《おうまる》が鎌倉入りした。やがて義政（初名は義成《よししげ》）から名前の一字を許されて成氏《しげうじ》と名乗り、鎌倉公方となった。また関東管領には上杉憲実の子憲忠《のりただ》が就任し、鎌倉府は復活したのである。

しかし安定的な関東情勢は復活しなかった。成氏にしてみれば上杉氏は父を裏切った敵という意識が強い。ほどなく成氏と上杉氏の対立は深刻化し、享徳元年（一四五二）、成氏と上杉氏家臣の長尾・太田両氏は鎌倉近くの腰越《こしごえ》・由比《ゆい》ケ《が》浜《はま》で合戦を交えることになった。ついで同三年暮れには、成氏派の武士たちが上杉邸を襲って憲忠を殺害してしまい、翌年年明けより、両派の本格的な戦いが始まる(享徳の乱)。成氏派が優勢のうちに戦場は北関東に移り、成氏は下総の古河《こが》(茨城県古河市)に入った。

こうした関東の情勢に対し、幕府は従前どおり上杉氏支持の姿勢を保った。享徳四年六月、幕府の指示を受けた駿河の今川範忠《のりただ》は、守りの手薄になった鎌倉に攻め込んで占領した。成氏は幕府に弁明の書状を送り、幕府に対しては異心のないことを述べるが、無視された。こののち成氏は鎌倉に戻ることができず、古河にとどまったので、古河公方と呼ばれる。

そして年号が享徳から康正《こうしょう》に変わっても、成氏はこれに従わず、実に二十七年にわたって享徳年号を使用し続けた。南北朝時代、二つの朝廷がそれぞれに年号を立て、北朝に服する者は北朝年号を、南朝に服する者は南朝年号を使用したことが示すように、ある年号を使用するということはその年号の制定者に服することを意味する。京都の改元に従わないということは、京都の政権には従わないという意思の明確な宣言であった。

義政の代始め徳政

本章のはじめに述べたように、義満以来の公方たちは、代始めにあたって寺社本所領保護と公正な裁判を軸とした徳政と、武威の顕示を行っていた。義政(図4-9)もまた父祖の例を追った。

もっとも幼くして公方となった義政の代始めは段階的である。幼名の三春から義成と名を改めるのは文安三年(一四四六)暮れ、元服して将軍に就任するのは文安六年、自ら花押《かおう》を据えて文書を出すようになるのは享徳三年(一四五四)、右近衛大将になるのは康正元年(一四五五)、大臣となり、公家たちを家司《けいし》として編成したのは長禄《ちょうろく》二年(一四五八)である。これらのうち、ここでは最後の年に注目しておきたい。この年、公武に君臨する権力者として名実ともに公方になったのであり、公家様の花押を用いるようになる。若い義政の篤い信頼を背景に政権の人事にも介入し、一時は「天下の万事、しかしながら(すべて)この身上にあり」(『経覚私要抄《きょうがくしようしょう》』)とまでいわれた乳母の今参局《いままいりのつぼね》(大館満冬女《おおだちみつふゆのむすめ》)が失脚、自害に追い込まれたのは翌年にあたる。

図4-9　足利義政

長禄二年三月、義政は、武士たちによって侵害されている寺社本所領荘園の返付命令を出し、あわせて幕府の裁判担当者に伝手《つて》のない者が公方に直訴することを許可している。伝手がないと訴訟ができないというのは、現代の感覚からすれば不思議であるが、当時は、主要な寺社などは訴訟担当の奉行人が常置されていたのである。したがって直訴を許可するということは訴えの機会の平等を保障するものである。

五月になると、義政は、義教が奉行人たちから提出させたのとほぼ同文の起請文を、十四人の奉行人に連署で書かせている。そこには公方にも遠慮せず、公正な審理を行うことが誓われている。寺社本所領保護と公正な裁判を軸とする代始め徳政が始まったのである。

それを受け、長禄二年と三年には、武士に奪われた個々の寺社本所領の返付を命じる義政の命令書が集中的に発給されている。さらに所領返付を求めたのは寺社や公家だけではなく、武士にも及んだ。長禄三年に所領の返付を求めた高師長《こうのもろなが》は、「去年管領に訴えたけれども、あまりに遅々としているので直訴します」(「蜷川家古文書」)と、義政の主導する裁判に期待を寄せている。

そのほかにも、義政はこの前後、禅宗の僧尼の綱紀粛正を命じたり、乱立する関所の破却を命じて通商の興行をはかったりしている。政治に対する無関心が指弾されることの多い義政であるが、執政の開始にあたっては、それなりの意欲を示しているというべきだろう。

偽りの勝報

では代始めのもう一つの重要なセレモニーである武威の顕示はどうだろうか。

先述のように享徳年号を使い続ける成氏の態度は幕府の威信を傷つけるものであり、執政を開始したばかりの義政にとっては、この問題への対応が焦眉の課題だった。義政のとった方法は、成氏に代わる鎌倉公方を関東に送り込むことだった。新たな公方として選ばれたのは、義政の異母兄で天龍寺香厳院《きょうげんいん》にいた清久《せいきゅう》である。長禄二年（一四五八）夏、還俗して政知《まさとも》と名乗った清久は、京都を発って伊豆の堀越《ほりごえ》に到着した（堀越公方）。

まもなく古河公方に対する攻撃計画が立てられた。それは、上杉軍に加えて、政知の重臣渋川義鏡《よしかね》、関東に隣接する信越の小笠原、武田、東海に分国をもつ斯波義敏、さらに宇都宮、白河、伊達、芦名など、北関東や奥羽の諸氏までも動員して成氏を総攻撃するという大々的な計画だった。まさに代始めの武威の顕示にふさわしい形が構想されたといえよう。

しかし重臣甲斐氏との抗争をかかえる斯波義敏は関東に向かう途中、分国の越前に向かって甲斐氏と戦い、しかも敗北するという大失態を演じてしまう。それを見た関東周辺の武士たちは出陣することはなく、結局、長禄三年十月、上杉軍と渋川軍だけが下野太田庄《おおたのしょう》で古河公方軍と戦って敗北した。この戦いの結果について、鎌倉の鶴岡八幡宮の社僧香蔵院珍祐《ちんゆう》は、次のように記している。

公方様（足利成氏）はまだ下野（古河）にいる。上杉房顕《ふさあき》は先月十四・十五日の合戦に敗れ、本陣の五十子《いかっこ》（埼玉県本庄市）に引き返した。上杉持朝《もちとも》は武蔵の河越（埼玉県川越市）、渋川義鏡は浅草（東京都台東区）に陣を取った。（『香蔵院珍祐記録』）

上杉・渋川軍が古河攻略に失敗し、軍を引き払ったことは関東にいる者たちにとっては明白なことだった。

ところが、ここで奇妙なことが起こっている。京都では、上杉軍が利根川を渡って古河公方軍に勝利したという話が広まっていたのである(『碧山日録《へきざんにちろく》』)。都人は勝報を喜び、義政は戦いに加わった武士たちに大量の感状(褒賞状)を書き送っている(『御内書案』)。実際には敗北だったにもかかわらず、勝ったかのような宣伝がなされていたのである。武威の顕示という、代始めのデモンストレーションでもあった軍事行動を、何としても敗北と認めるわけにはいかなかったのである。

敗北を勝利と言い繕ってまでも父祖の例になずらえようという姿には哀れさえ感じるが、義政もただ手をこまねいていたわけではない。

義政の幕政改革

まず、今回の敗北の元凶である斯波氏に梃入《てこい》れがされる。寛正二年(一四六一)、当主の義敏に替え、堀越公方政知の重臣渋川義鏡の子義廉《よしかど》が斯波氏の当主として送り込まれた。家永遵嗣の提唱によって、これは斯波氏を古河公方攻撃の体制に確実に取り込むための措置と考えられている。

弱体な九州探題の一族である渋川氏が関東対策でにわかに注目されてきたことは意外な感じがするが、政知が還俗前にいた香厳院は、足利義詮の正室かつ義満の嫡母として、その幼少期には隠然たる力をもった渋川幸子の菩提所である。香厳院は公方家の男子が代々の院主となっており、いわば公方家継承者のスペアの養育機関ともいえる塔頭《たっちゅう》であるが、渋川氏との関係は当然深いはずである。政知は関東に下向するにあたり、最も信頼できる人物である義鏡を同行者として指名したのであろう。その義鏡の子を斯波氏当主に据えることが、斯波氏を古河公方攻撃体制に組み込むための最善の策と考えられたものと思われる。

次に、軍事に関する権限を側近の伊勢《いせ》貞親《さだちか》に集中させた。伊勢氏は政所執事として幕府の財政や御料所の管理を担当し、公方家の子女の養育にかかわることもある官僚型の公方直臣であるが、特に貞親は義政の「御父」とされていた。早島大祐によれば、貞親は窮乏していた幕府財政の立て直しに成果を上げていたという。また吉田賢司によって、この貞親が、長禄年間ごろより、地方の軍事状況や武士たちの戦功に関する情報の義政への披露、軍事発向に関する諸大名の意見調整などについても一手に担当するようになったことが明らかにされている。関東の上杉氏との交渉も貞親が担うようになっていった。管領の細川勝元《かつもと》ですら、軍事関係の命令書の発給を、貞親を通じて願い出ていたのである。

義政からすると、内紛をかかえて動きのとれない大名たちよりも、絶対的に忠実な側近たちのほうが信頼できるという判断であっただろう。実際に貞親は、長禄四年（一四六〇）十月、関東、奥羽の武士たちに古河公方攻撃を命じた。また大和に出陣中だった甲斐・朝倉氏から成る斯波軍を引き上げさせて、関東に送っている(『大乗院寺社雑事記』『御内書案』)。しかし、これは義持や義教が重視してきた大名の意思を聴取するという伝統を無視するものだった。

またこの時期は、次章で述べるように古河公方追討以外に、畿内でも軍事行動が活発化していた。これも伊勢貞親の主導で行われたが、動員された国人たちは疲弊し、戦場となった地域では、兵粮を確保するための略奪が横行していた。分国支配の経験をもたない伊勢氏の軍事政策は、在地の状況を無視した強硬策に陥っており、幕府政治の根幹は大きく軋み始めたのである。

第五章　動乱の始まり

1　土一揆・飢饉・戦乱

二つの徳政

足利義政が古河公方追討に執念を燃やしていたころ、京都や奈良では連年のように徳政を求める土一揆《つちいっき》が起きていた。

何度も述べてきたように、中世の「徳政」とは本来は善政、あるべき秩序の回復を意味し、具体的には神仏崇敬＝寺社領保護と公正な裁判の実現を施策とするものであった。しかし、寺社領保護とは、失われた寺社領の返付（取り戻し）を意味するものであることから、社会では失った財産一般の取り戻しを可能とする施策と受け止められた。困窮した人々の間では、売却したり質入れしたりした土地や金品の取り戻しが期待されるようになっていく。現在、一般的にいだかれている「徳政」のイメージもこうしたものであろう。実際、鎌倉末期に、困窮した御家人の救済策として、質入れした土地の取り戻しを認める「永仁《えいにん》の徳政令」が発布されたのは有名な事実である。

こうした期待が広まることの背景には、中世社会には本来の持ち主の強い権利を認める観念があり、売却ですら仮の姿であって、為政者の代替わりや大きな天災のような変事があれば、元の持ち主のところに戻って当然とする期待があったと考えられている。現代の感覚からするととんでもないことのように感じられる法や期待であっても、中世の人々の中には、ある条件のもとでならば、それも是とする観念があったのである。

理解しにくい感覚かもしれないが、現代でも愛情表現として贈られた品や故人の遺品は、元の持ち主の人格と切り離せぬ何かをもっているという感覚はあるのではないだろうか。質に入れたり、売却されたりした品や土地にさえも、そうした感覚をいだいていたのが中世人だといえば、少しは理解しやすくなるだろうか。

徳政を求める人々

そのような財産取り戻しの容認としての徳政を求める声が一気に高まったのが正《しょう》長《ちょう》元年(一四二八)である。この年正月、義持が急死して公方は義教に交替し、四月には三十五年も続いた応永年号が正長に改まった。七月には称《しょう》光《こう》天皇が没して後光厳天皇に始まる皇統が絶え、崇光天皇流の伏見宮家から十歳の彦《ひこ》仁《ひと》王が後小松上皇の猶子という形をとって皇位についた(後花園天皇)。代替わりの空気が漂うなか、近江から始まった徳政を求める人々の群れ、すなわち徳政一揆が京都、奈良を襲った。幕府の徳政令は出されなかったが、京都では一揆参加者が土倉や酒屋を襲って略奪を行う「私徳政」を行った。その影響は

図 5-1　大島庄の徳政定書木札

畿内、近国にも及んだ。

徳政令の発令は各守護に委ねられたらしく、奈良では興福寺が、五年以上前の債務の帳消しや前年以前の未納年貢の免除などを認める徳政令を発した(「東大寺薬師院文書」)。河内、播磨では売却後二十一年以内の田畠ならば元の持ち主の取り戻しを認めるという命令が出されている(「史徴」「伊和神社文書」)。実際の実施事例を見てみると、丹波の大谷村に残された土地台帳には、正長の徳政によって村内の土地に権利の移動が生じ、元の持ち主に戻されたことが記録されている(「大谷村佐々木文書」)。

ついで大規模な徳政一揆が起きたのは、義教が暗殺された嘉吉《かきつ》元年(一四四一)の八月・九月である。やはり近江から始まり、守護佐々木氏から徳政令を勝ち取った徳政一揆は京都にも広がった。数万人の一揆勢が京都を四方から襲い、幕府軍と交戦の末、幕府の徳政令を得ている。幕府が発布したものとしては最初の徳政令である。近江の大島庄《おおしまのしょう》では、徳政令を在地でどのように適用するか、村の沙汰人が取り決めた定めを木札にして提示していた(図5-1)。

正長の一揆にしても嘉吉の一揆にしても、その背後には、幕府の施策に何らかの不満をもつ政治勢力の存在を認める研究もあり、徳政一揆を単純な民衆蜂起と考える研究者は少ないが、一揆の絶対的多数が何らかの要求をもった民衆であったことはまちがいない。一揆に馬借と呼ばれる運送業者が参加していたことはよく知られているが、彼らは京都周辺の関所での通行税徴収に不満をもち、関所の撤廃を求めていた。

また奈良での正長の徳政令に年貢未納分の免除が記されていることや、農村の住人間での土地の取り戻しが確認できることから、年貢の未納や立て替え払いなどによって土地を失った農民が徳政一揆に加わっていたことはまちがいない。応永二十八年（一四二一）には室町時代でも屈指の飢饉が発生しており、それによる疲弊が正長の一揆の前提となった可能性が高い。

このように徳政一揆の前提には、社会に不満をもつ人々の存在があった。ただし中世人の感覚のなかでも、元の持ち主のもとへの戻りが許されるのは、ある条件のもとでの話であって、いつでもこうしたことが可能だったわけではない。徳政一揆という爆発的な行動が起きるには、何らかのきっかけが必要だった。代始めはその代表的なきっかけだったのである。

嘉吉の一揆の次に京都で起きた大規模な徳政一揆は文安《ぶんあん》四年(一四四七)である。その次は享徳《きょうとく》三年(一四五四)で、その後は連年のように発生する。これらと代始めとの関係はどうとらえられるだろうか。

連年化する徳政一揆

前述したように義政の代始めは段階的であるが、文安三年暮れ、幼名の三春から義成《よししげ》に改名し、四年二月に正五位《しょうごい》となった。多くの公家・武家が参賀のために幕府を訪れているから、公方の身辺に変化があったことは市中にも伝わったことだろう。これが代始め徳政を期待する空気を刺激した可能性はある。土一揆の第一波が起こるのはその二か月後、本格化するのはその年七月である。

また享徳三年は自署による文書発給を本格的に始めた年にあたる。この前年にも義成の自署文書が若干残っているが、それはきわめて親しい人々に対するものに限られている。二年末に義政と改名し、翌年から一般の公家、武士、寺社を対象に所領安堵などの文書を発給するようになる。公方の花押が広く世に出ていくのであるから、これは代始めと受け止められたことであろう。

そのように考えれば、この二つの一揆までは代始めとの関連を認めることはできよう。しかし、その翌年よりは連年のごとく京都で徳政一揆が発生している。これらはもはや代始めとの関係で理解できるものではないだろう。一揆の発生する状況の何かが変化したと考えなければならないだろう。

ここに藤木久志による興味深い指摘がある。連年のように発生していた徳政一揆が応仁の乱中にはほとんど蜂起がなく、乱が終わるとともにまた頻発するようになるという事実である。しかも、徳政一揆と応仁の乱に加わった足軽《あしがる》の間には、集団で土倉・酒屋などの富裕な市民や寺院を襲い、略奪を行うという行動の共通性がある。藤木はここから、徳政一揆参加者と応仁の乱における足軽たちは、実は同じ人々だったのではないか、彼らは生きていくために都に流入してきた飢民であり、一揆にも加われば、足軽にも組織される存在だったのではないかという見方を示している(図5-2)。

図 5-2　足軽(『真如堂縁起絵巻』より)

これは、徳政一揆の本質だけでなく、のちに述べるように、大将であるはずの人物の統制もきかず、十一年もだらだらと続いた応仁の乱の本質をついた炯眼《けいがん》であろう。では、なぜ享徳三年以後、連年で徳政一揆が起こるようになったのだろうか。飢えた人々の京都への流入が増すような理由は何だろうか。

享徳年間は関東での戦乱が始まった時期であるが、同じころ、畿内でももう一つの戦乱が始まっていた。

戦地化する畿内

管領家の畠山氏が持国《もちくに》の後継者の地位をめぐって、持国の実子とされる義就《よしひろ》を推す派と、それを認めず持国の甥弥三郎《やさぶろう》・政長《まさなが》を推す一派が対立していたことについては前章でも述べたが、両派の武力的な衝突が始まるのが享徳三年(一四五四)である。最初は義就派の没落で始まるが、まもなく公方義政が義就支持の方針を打ち出した。末柄豊は、当時権勢の極みにあった今参局《いままいりのつぼね》が生前の持国と結んでおり、その延長上で義就を支持したことによるとしている。これによって越中・加賀・和泉で徴発された兵が、畠山氏の分国の河内や紀伊で弥三郎派攻撃を開始した。畠山氏は紀伊に接する大和の西南部にも被官人をもっていたため、その内紛は、かねてより大和で展開中の筒井氏と越智氏の抗争とも結びついた。義就は越智氏、政長は筒井氏を支援して、戦場は大和にも広がったのである。さらに大和の国人との関係の深い山城南部にも飛び火し、康正《こうしょう》三年(一四五七)には、義就・越智派の軍が田辺(京田辺市)で筒井派と衝突している。

ところが、長禄三年(一四五九)に今参局が失脚すると、義政は一転して政長を支持するようになる。翌四年、今度は、河内に下向した義就に対する攻撃が命じられた。同年閏九月に幕府から攻撃を命じられた武士は、畿内や紀伊はもとより、伊賀・伊勢・播磨・近江・美濃、さらには淡路・讃岐・阿波にまで及んでいる(『大乗院寺社雑事記』)。しかし義就は合戦上手の猛者であった。河内の嶽山城《だけやまじょう》(富田林市《とんだばやし》)に籠った義就の抗戦は激しく、籠城は二年半に及んだ。この間、義就攻撃の兵はさらに広く集められ、安芸の毛利氏や石見の益田氏のような西中国の武士までもが召集されたのである。寛正四年四月、嶽山城は落城するが、こののちも義就は高野山、大和の吉野、河内へと拠点を移しながら抵抗を続けた。

つまり享徳三年以後、応仁の乱に先立って、畿内南部ではすでに常時戦争という状態が始まっていたのである。京都周辺の状況は明らかに変化していた。

戦地の村

戦場となり、大量の兵が滞留した地域がどのようなことになるか、およその想像はつくだろう。義就と戦った紀伊の根来寺《ねごろじ》の周辺では、義就軍による焼き払い、田畠の刈り取り、財宝の略奪が起こっていた。

畠山両派の合戦に関するものではないが、この時期の戦争に巻き込まれた地域の様子を書き記した一通の書状を紹介しよう。

長禄三年、古河公方攻撃を命じられた斯波義敏《よしとし》が、関東へ向かう途中、分国の越前に向かって重臣の甲斐氏と戦ったことはすでに述べたが、この書状は、その戦いの直後の越前の村の様子を報じたものである。報告者は越前平野北部に広がる河口庄《かわぐちのしょう》の百姓たち、報告の相手は領主の興福寺である。

今月十三日、義敏様方が負け、その配下の人々は館に火をかけて逃げていきました。……加賀、能登、越中の軍勢が公方の命令によって、今月二十五日、この荘園に打ち入ってきて、その乱暴狼藉の様子は手紙では尽くせません。粟《あわ》・稗《ひえ》をも悉《ことごと》く刈り払い、馬に行き交われて荘内は荒れてしまいましたので、今年は年貢も納められないでしょう。以前は義敏様方の堀江氏からいろいろな賦課があったうえに、今度はこのようなことになり、百姓たちは地元にいることも難しい（「地下《じげ》にありがたく候」）ことになっています。（「大乗院寺社雑事記紙背文書」）

河口庄の百姓たちは、食糧は粟や稗までも失い、その地に住み続けるのも困難な状況だというのである。ここには、まさに百姓たちが流民化する危険が語られている。同じ越前の大野郡でも、ある村が「郡内の弓矢（合戦）によって乱妨を受け、主だった百姓二人が殺され、家は焼かれ、あまたの者が負傷している」（「醍醐寺文書」）と領主に訴えている。遠来の兵が合戦の現地で兵粮を調達するのは南北朝内乱期と同じである。義就攻撃のために大量の兵が呼び寄せられた畿内南部も同様な様子になっていたことであろう。

翌長禄四年三月、京都東福寺の僧大極《たいきょく》は、京都の街はずれで一人の子をかかえ、名を呼びながら泣き叫んでいる女を見かけた。見れば子供はすでに死んでいる。道行く人が事情を聞けば、その女は「河内の流民だ」と答えた。三年続きの旱魃でイネは実らず、にもかかわらず年貢の取り立てが厳しく、都に流れてきて乞食をして糊口をしのいでいたのだという（『碧山日録』）。河内といえば、まさに畠山氏の内紛で戦場となっている地である。女の言葉には語られていないが、取り立てられたのは年貢だけでなく、兵粮もあったことであろう。

京都で徳政を求めて略奪を行う人々の群れ。彼らの中には戦地化した畿内南部で住居も食糧も失って、京都に流入してきた戦争難民たちも多く含まれていたのではないだろうか。享徳三年以後、徳政一揆が連年で発生した背景には、そうした京都を取り巻く政治的、社会的情勢の変化があったと考えられる。

寛正二年、京都

寛正二年（一四六一）正月半ば、京都は数万人といわれる乞食であふれていた。室町時代最悪の飢饉として知られる寛正の飢饉である（図5-3）。同月末、京都の町は至るところに死体がころがる状態になった。二月になると、願阿《がんあ》という時宗の僧が粟粥の施しと死者の埋葬を行ったが、それで命が助かる者は少なかった。同月末、鴨川にかかる四条大橋から上流を眺めた大極は、無数の死体がころがって河水をせきとめ、腐臭はたとえようもなかったと日記に記している。また、ある僧が木片で小さな卒塔婆《そとば》八万四千枚を作って、死体一つ一つの上に置いていったところ、二千枚しか残らなかったという（『碧山日録』）。越前の河口庄でも、元年冬から二年にかけて、九千人を越える死者と七百人を越える流民を出したとされる（『大乗院寺社雑事記』）。

この飢饉をもたらした一つの要因は天候不順である。大極が見かけた女の言葉にもあったように、長禄元年（一四五七）から二年にかけては畿内から関東にかけての広い範囲で旱魃が続いた（『大乗院寺社雑事記』『蔭涼軒日録《いんりょうけんにちろく》』）。京都の寺社では雨乞いの祈禱が行われ、各地の荘園では年貢減免の要求が相次いでいた。

寛正元年、京都では一転して長雨、日照不足の年となる。三月半ばから六月半ばまでの三か月間に四十日も雨が降った（『東寺執行《しぎょう》日記』）、あるいは四月から七月までの間に三日しか照らなかったとする記録もある(『王代記』)。大極は、六月は寒くてみんな冬服を着ていると日記に書いている。この雨は荘園現地にも影響を及ぼし、洛西、桂川沿いの上久世庄《かみくぜのしょう》、下久世庄《しもくぜのしょう》からは、田が流されてしまったことが領主の東寺に報告されている(「東寺百合文書」)。

こうした記述から、寛正の飢饉と気象の寒冷化を関連させてとらえる見解もあるが、奈良で書かれた日記を見ると、三月から五月までの三か月間のうち少なくとも三十日は晴天となっている(『経覚私要鈔』)。また京都の僧から奈良の興福寺に送られた書状には「連日の雨で断食になりそうだ。奈良は天気が良いそうで結構なことだ」などと述べられている(「大乗院寺社雑事記紙背文書」)。紀伊の紀ノ川沿いでは、畠山義就軍と根来寺が用水争いから多数の死者を出す武力衝突を起こしている(『大乗院寺社雑事記』)。後代の史料だが、奈良や四国の年代記の中には寛正元年を「炎旱」とする史料もある(『興福寺年代記』『讃岐大日記』)。

また続く寛正三年も、地域によって旱魃と長雨の両様

図5-3　飢饉(『日蓮聖人註画讃』より)

の災害が記録されている。こうしてみると、この飢饉の要因として天候不順があったのはまちがいないが、広範囲にわたって同様の不順が襲っていたというわけではない。気象の長期変動との関連はまだ明らかではない。天候不順以上に、何よりも京都に近い畿内や斯波分国の戦乱状況が難民を発生させていることが、寛正二年の飢饉の最大の要因だったのではないか。確かなことは、この飢饉には人災としての性格がきわめて大きかったということである。

分裂する幕閣

古河公方を追討することによって公方としての権威を確立させたいという義政の意図とは裏腹に、畿内社会では戦争状態が常態化し、それにともなって京都では社会不安が募っていくことになった。義政が室町幕府の伝統的な政権運営である大名衆議を軽視して側近を重用したこと、また畠山氏に加え、斯波氏の家督問題に対しても御都合主義的な対応を取ったことも、政治状況の混乱に拍車をかけた。前章で述べたように、古河公方対策の一環として渋川氏から義廉《よしかど》を家督として送り込んだ斯波氏であるが、堀越公方府では渋川義鏡《よしかね》が上杉氏らと対立して失脚してしまった。これによって、義政や側近の伊勢貞親《いせさだちか》は義敏を斯波氏家督に復帰させることを考えるようになった。義廉はいわば用済み扱いとなったのである。

一方、このころ幕府内では、内紛で沈む斯波・畠山両家を後目《しりめ》に、細川勝元《かつもと》と山名持豊《もちとよ》（宗《そう》全《ぜん》)の発言力が高まっていた。細川・山名両氏はともに多くの国の守護職をもつが、斯波・畠山両氏と異なって、一族でそれら守護職を分有するとともに、嫡流家の家臣(内衆《うちしゅう》)を庶流家に配属させたり、一族内で婚姻、猶子関係を結んだりして結束を固める「同族連合体制」をとっていた。川岡勉は、これが家督相続をめぐる内紛を抑制させ、両氏を幕府内の二大勢力に浮上させたとしている。

この二大勢力を、斯波・畠山両管領家の両派をはじめ、さまざまな問題をかかえる諸大名たちが頼っていくことによって応仁の乱の勢力地図がつくられていく。

たとえば、義教暗殺事件で没落した赤松氏は、傍流の政則《まさのり》が細川勝元の支援を受けて家としての再興を許されたが、かつての分国播磨・備前・美作の守護職回復を求めて山名一族と対立していた。守護権が南北に分かれていた近江では、六角氏と京極氏が抗争していたが、六角氏、京極氏ともさらに内紛もかかえていた。若狭では、義教の指示で殺害された一色義貫《よしつら》の子と、事件後に守護となった武田氏の間で対立が続いていた。こうした個別の争いをかかえていた大名たちも、二大勢力に結びついていったのである。

合戦前夜

寛正五年末、政治に倦《う》んだ義政は、弟の浄土寺門跡義尋《ぎじん》を後継者に指名する。義尋は還俗して義視《よしみ》と名乗り、洛中の今出川殿に入った。ところが、ちょうどその一年後、義政正室の日野富子《とみこ》が嫡子義尚《よしひさ》を産んだことから、足利公方家にも後継者問題が生じる。足利公方家の後継者問題については、従来『応仁記《おうにんき》』によって、富子が義尚を将軍後継者とすべく山名持豊を頼り、細川勝元との対立を惹起させたとされてきたが、近年は『応仁記』の記述は半世紀ほどのちの創作とする見方が強い。このの ちの実際の行動は、富子・義尚は一貫して勝元と行動をともにしている。義視も乱が始まるとまもなく山名派に加わることになる。

諸勢力の合従連衡の過程は複雑である。山名持豊は細川勝元の妻の父にあたり、勝元としては持豊との対立は回避したいところであったが、さまざまな利害と人脈が絡み合っていくなかで、状況は勝元の個人的な思いを越えていく。文正《ぶんしょう》元年(一四六六)九月、義視の排除を図った伊勢貞親が、持豊、勝元の双方から反発を受け、斯波義敏とともに失脚した事件(文正の政変)を経て、同年暮れには、畠山政長、斯波義敏、赤松政則、京極持清、武田信賢が細川派に、畠山義就、斯波義廉、六角高頼《たかより》、一色義直が山名派に属する構図となっていた。

さて、こうした大名たちの動きと同時並行で、京都市中では土民たちによる騒擾が続いていた。文正の政変の直後には、酒屋・土倉が襲われる略奪が起きている。土民の中には戦乱を逃れて京都に流入した者もいただろう。またまもなく大名たちに足軽として雇われることになる者もいただろう。ともあれ現象としては徳政一揆と同様のことが起きていた。十二月になると、十二日には近江坂本の馬借が立て籠もっていた祇園社が、十七日には侍所所司代邸が炎上、二十日には細川邸門前の民家から出火して相国寺《しょうこくじ》の塔頭《たっちゅう》を焼失、二十七日には畠山政長邸近くの味噌屋から出火して等持寺《とうじじ》が類焼した。これらも彼らの動きと無関係ではなかっただろう。

こうした騒然とした状況のなか、河内からは義政の許しを得ぬまま、畠山義就が山名持豊の導きによって上洛してきた。政長邸では館の四方に櫓《やぐら》を構えて警戒を強めたという(『大乗院寺社雑事記』)。畠山両派の抗争の前線は河内から京都に移動してきたのである。

2　応仁・文明の乱とその後

大名たちを二分させる緊張と社会不安の中で明けた文正二年(応仁元、一四六七)の正月、義政は自らの意に反して上洛してきた畠山義就の対面を許したばかりか、畠山氏の家督を政長から交替させ、さらに管領も政長から斯波義廉に交替させてしまった。

応仁・文明の乱

持豊の圧力に屈したのであるが、一貫性を欠いた義政の対応に、伝え聞いた興福寺の大乗院門跡尋尊《じんそん》は「上意はたのみにならない。天下のため、しかるべからざることだ」と評している(『大乗院寺社雑事記』)。

正月半ば、洛北の上御霊社《かみごりょう》の森で畠山両派の衝突が起きた。義政は、大名たちにどちらにも加勢なきことを命じていたため、この衝突は畠山家の内紛として処理され、敗れた政長が逃走して終わった。しかし、五月二十六日、一触即発の緊張状態のなか、細川派の武田氏と山名派の一色氏の間で生じた偶発的な衝突を発端に、以後十一年に及ぶ応仁・文明の乱が始まった。幕府の近所から始まった戦火はあっという間に洛中洛外に広まり、公武の屋敷、寺社を焼き尽くした。細川派は東軍、山名派は西軍と呼ばれる。

義政は当初は傍観する姿勢を示したが、開戦後まもなく、東軍が室町御所を占拠して義政一家を囲い込み、御旗を獲得した。いったんは東軍優勢かと思われたが、西軍は西国の大守護大内政弘《まさひろ》を引き入れて上洛させることに成功し、両者の形勢は拮抗した。

同年八月、後土御門《ごつちみかど》天皇と後花園上皇は室町御所に移り、東軍が天皇を戴く形となった。しかし翌応仁二年、義政と決別した義視が西軍に加わり、さらに南朝の末裔小倉宮《おぐらのみや》を担ぎ出した。これによって西軍も天皇と将軍を戴く形をとることとなった。また西軍は管領、各国守護も独自に任じたので、幕府としての体裁を整えることになった(表5-1)。さらには東大寺別当や石清水検校《けんぎょう》すら独自に補任していたのである。このため百瀬今朝雄は、東西両軍を「東幕府」「西幕府」と呼んでいる。

表5-1　二つの幕府が任じた主な守護

	東幕府	西幕府
山　城	山名是豊・政豊	畠山義就
河　内	畠山政長	畠山義就
伊　勢	土岐政康・北畠政郷	一色義直
尾張・遠江・越前	斯波義寛	斯波義廉
三　河	細川成之	一色義直
南近江	六角政堯・京極持清・孫童子・政高	六角高頼
北近江・飛驒	京極持清・孫童子・政高	京極高清
美　濃	——	土岐成頼
若　狭	武田信賢	——
加　賀	富樫政親	富樫幸千代
能　登	——	畠山義統
越　中	畠山政長	畠山義就
丹　後	武田信賢・国信	一色義直
但　馬	——	山名持豊
因　幡	——	山名豊氏
伯　耆	——	山名教之
出雲・隠岐	京極持清・孫童子・政高	——
和　泉	細川常有・持久	——
摂津・丹波・讃岐・土佐	細川勝元・政元	——
播　磨	赤松政則	山名持豊
美　作	赤松政則	山名政清
備　前	赤松政則	山名教之
備　中	細川勝久	——
備後・安芸	山名是豊	——
紀　伊	畠山政長	畠山義就
淡　路	細川成春	——
阿　波	細川成之	——
伊　予	河野通直	河野通春
石　見	山名是豊	山名政清
周防・長門	大内教幸	大内政弘
筑　前	少弐頼忠	大内政弘
豊　前	大友親繁	大内政弘
肥　前	少弐頼忠	渋川教直

京都が戦場となるなか、その周辺の村々も戦いとは無縁ではいられない。村もまた兵力として合戦に動員されたのである。

中世の村には——実は刀狩令《かたながりれい》以後でも同様なのであるが——武具が溢れていた。

合戦に動員される村々

室町中期の庶民の財産状況を記した史料を見てみると、たとえば、京都近郊の上桂庄《かみかつらのしょう》の百姓兵衛二郎は鑓《やり》二本と弓一張を所有していた(「東寺百合文書」)。また若狭国太良庄《たらのしょう》の百姓泉大夫は鑓一本と馬鞍一つを所有していた(同)。二人とも牛を所有する比較的富裕な百姓だったようだが、百姓が武具をもつのは普通のことだったのである。

こうした村に蓄積された武力は、第三章で紹介したような隣村との抗争のときに威力を発揮したが、それだけでなく、大名たちからも注目されるところとなる。すでに南北朝の内乱のころ、京都近郊をはじめとする各地の荘園では、沙汰人のような有力な百姓たちが幕府や守護から兵員として動員され、恩賞を与えられていた。また、第四章で触れた山門騒動のときには、幕府は比叡山の山徒の襲撃から京都を防衛するために、近郊の荘園から兵員を動員している。洛南の伏見庄《ふしみのしょう》七か村では三百人の「半具足の輩」が動員に応じ、鴨川畔まで駆り出されている(『看聞日記』)。

応仁の乱では、村の武力は東西両軍から兵力として期待される存在になる。東海道が通り、近江から京都に入るための入り口にあたる山科では、「山科七郷住民」たちが東軍から、東海道の要所で防備を固め、西軍の補給路を絶つように命じられている（『山科家礼記《やましなけらいき》』）。住民たちはこれに応じているが、その代償として領主に納めるべき年貢の半分を、兵粮として取得することを求め、それを認められている。もともと幕府に従う武士の兵粮の確保のために実施されていた半済《はんぜい》が、応仁の乱においては、村を対象として実施されたのである。

荘官クラスの有力な住民になると、より武士的な活動を示す者もあった。山科七郷の指導的な立場にあった粟津《あわづ》清式《きよのり》という人物は、東軍の細川氏の命を受け、一族を率いて戦いに参加した。そして醍醐方面より山科に討ち入ってきた西軍の大内軍を襲って京都まで追い返し、二十六人を打ち殺したという（「松本文書」）。

このように東軍の命に従って西軍と戦った山科住民であるが、宇治方面の西軍を攻撃するために出動を命じられたときには、これを拒んでいる。自分たちの住む地域の防衛につながる戦いであれば出陣もいとわなかった彼らであるが、自分たちの生活と直接かかわらない地域への出動には消極的だったのだ。山門騒動のとき、京都防衛のために駆り出された伏見の百姓たちも、実は「緩々として」なかなか用意しなかったという。彼らも、決して言われるがままに動員に応じていたわけではなく、そこには判断と選択が働いていたのである。

戦いの終息

文明三年(一四七一)、斯波義廉の重臣朝倉孝景《たかかげ》が、越前守護職への補任を条件に東軍に寝返った。これによって越前では朝倉氏と義廉派の甲斐氏の戦いが始まり、斯波家中の紛争の舞台は越前に移っていく。文明五年には細川勝元が病死、義政は将軍職を辞し、義尚が就任した。山名持豊は前年に切腹騒ぎを起こしており、その傷がもとでこの年に没した。

こうして乱の主役たちが次々と消えていくなか、講和の試みはいく度か浮かんだが、そのつど、強硬派の畠山義就や赤松政則の反対で流れていた。彼らが求めていたのは、だれを幕府の将軍にするかではなく、自分自身の分国の確保である。得るべきものを確保するまでは戦いをやめるわけにはいかなかったのだ。ましてや、彼らに従って京都にやってきていた足軽たちにとっては、戦場は戦利品という名のもとに略奪も正当化される格好の稼ぎの場だった。藤木久志は、坂本や八幡《やわた》のような京都周辺の小都市には略奪品を売りさばく市まで立っていたことを明らかにしている。軍団の指導者たちの制御のきかなくなるなか、戦いは惰性のように続けられた。

文明八年十一月、近所の失火からの類焼によって、ついに花の御所が炎上し、義政一家も、また同居していた後土御門天皇も焼け出されてしまった。近辺にあった公家の私宅二十軒近くも焼けた。幕府、朝廷の権威が大きく揺らいでいくなか、文明九年、争乱の発端となった畠山両派の抗争の舞台は分国の河内や南山城に移り、政長、義就はともに京都を離れた。続いて十一月、大内政弘が山口へ、土岐成頼《しげより》は美濃へ帰国し、足利義視も土岐に同行する。こうして西幕府の主力が去ったことによって、ようやく京都での戦火は終息した。

なおも京都にとどまっていた武田国信《くにのぶ》、山名政豊《まさとよ》、赤松政則らも、同十年から十一年にかけ、次々と分国に下っていった。それぞれの分国内では国人たちの争いが始まり、放置できるような状況ではなくなっていたのである。

分国に下った大名たちが再び京都に戻ってくることはなかった。室町幕府の基本体制であった守護在京の原則は崩れてしまったのである。京都にとどまったのは、主要な分国が丹波、摂津と京都に近い場所にある細川氏だけとなり、こののち、幕政に占める細川氏の位置はきわめて大きくなっていく。

義政、再び徳政と武威

幕府の基本体制が崩れていくなか、義政はどうしていただろうか。応仁の乱後の義政については、妻日野富子との不和、政治への意欲の喪失、東山殿造営への没頭などがしばしば指摘される。

富子についていえば、文明九年(一四七七)ごろには「御台《みだい》一天御計」(『大乗院寺社雑事記』)、すなわち御台の富子が天下を仕切っている、といわれるような状況になっていた。蓄財、利殖などと指弾されることの多い富子であるが、実際のところは、諸方から幕府に提出される所領回復をはじめとした訴えへの対応や、それらの義政への取り次ぎとしての役割を果たすところが多かった。そうした役割を果たしていた兄勝光《かつみつ》が文明八年に死去したことも関係があるだろう。その役割に付随して斡旋料が富子のもとに集中することはあったようだが、集まった財は、応仁の乱によって困窮した天皇の威儀を整えるために使われることが多く、公家たちからは感謝されている。

義政も、乱中にも勝光の指揮のもとで奉行人たちに訴訟処理を行わせていたし、将軍職を義尚に譲ったのちも、義政は政務から離れたわけではなかった。京都での戦いが終息しつつあった文明六年(一四七四)以後、義政は寺社本所領返付政策を再開する。もはや幕府が返付命令を出したところで、その実効性は限定的なものになっていたし、そもそも守護在京の原則が崩れたことは、武家領主が京都から消えたこと、つまり室町期荘園制の前提の半分が崩れたことを意味していたが、代々の公方が掲げてきた幕府の基本政策は文明末年まで続けられた。富子の訴訟にかかわる活動が目立つのも、この政策を受けて諸方からの所領返付要求が増大したことと関係しているのであろう。

文明十七年十二月、畠山両派の主戦場となっていた南山城では、国人たちが一揆を結び、畠山両派の軍勢を地域から撤退させることに成功した。以後八年にわたってこの地域では守護が任命されず、国人たちによる自治が行われた（山城の国一揆）。このとき一揆側が掲げたスローガンは「寺社本所領の回復」と「新関の撤廃」だった。畠山軍に加わって流入してきた域外の武士たちから兵粮を徴用されていた地域の人々にとって、本来の所領秩序を回復させることは実利のあることだっただろう。また関所の廃止も円滑な交通のために必要なことだっただろうが、寺社本所領の回復という、室町公方の徳政の眼目がスローガンに掲げられていたことに注目しておきたい。振り返れば、新関の廃止もまた義政の初政期に実施された政策であった。公方の政策を看板に掲げることによって、一揆は自治の正当性を得ていたのである。

一方、応仁の乱の始まる前、義政が血道をあげていた古河公方成氏《しげうじ》の追討はどうなっただろうか。兄政知《まさとも》を送り込んでの追討計画だったが、その重臣渋川義鏡は早々に上杉氏をはじめとする関東武士と対立して失脚する。幕府が最も頼りとする上杉氏も、その内部では山内《やまのうち》・扇谷《おうぎがやつ》両家の間で協調がとれているわけではなく、成氏との戦いはうまくは進まなかった。さらに文明九年には、山内上杉家の重臣長尾景春《かげはる》が謀叛を起こし、成氏方にまわるという事態も起きた。結局、文明十四年、景春や越後上杉家の房定《ふささだ》の仲介によって幕府は成氏と和睦し、成氏やその子孫はこののちも、古河を本拠に関東の公方として君臨していくことになる。古河公方の追討をもくろんだ義政の計画は失敗に終わったのである。

権威復興の夢

では、徳政と武威の顕示の二つの施策は、義政で終わりだっただろうか。

義政と富子の子義尚は文明十一年(一四七九)に判始《はんはじ》め(花押の使用開始)を行い、以後御判御教書《ごはんのみぎょうしょ》を発給するようになるが、義政も依然として御判御教書を出し続けている。したがって代替わりは漸次的であるが、文明十七年に義尚は右近衛大将となり、義政は出家しているから、このあたりを義尚の代始めと見なすことが可能であろう。

その二年後の長享《ちょうきょう》元年(一四八七)九月、義尚は近江の六角高頼追討を開始する。この追討の理由は、高頼が寺社本所領を押領し、自らの家臣たちに与えていることとされた。つまり寺社本所領の回復が追討の目的であると宣言されたのである。応仁の乱以来、どの守護も同様で、六角氏だけが特に幕府に反抗的だったというわけではないが、京都に近くて最も攻撃しやすい相手であったために、六角氏がやり玉にあげられたのであろう。ただ公家社会には、義尚の宣言を歓迎する空気があった(『長興宿禰記』)。

九月十二日、京都から近江坂本まで行進した義尚には、奉公衆、奉行人らのほか、日野、高倉、飛鳥井らの公家までが武装して従い、その数は数千に及んだ。また分国の尾張に下っていた斯波義寛《よしひろ》も数千の兵を引き連れて坂本にやってきた。馬上の義尚は赤地金襴の鎧直垂《よろいひたたれ》を着するという、義満の南朝攻撃での出陣さながらの姿だったという（図5-4）。見物したある僧は「天下の壮観、これに過ぎるものはなし」と称賛している（『蔭涼軒日録』）。翌月、義尚は軍を鈎《まがり》（滋賀県栗東《りっとう》市）まで進めた。

また翌年五月、義尚は、公方の身辺の僧や女房たちが、訴訟当事者からの依頼を受けて審理に介入することを禁じる命令を出している。時の有力者を通じて裁判の進行に圧力をかけることは、鎌倉時代以来の裁判興行政策の中でも、また「建武式目」の中でも禁じられてきたものである。

図5-4　足利義尚

こうした行動を見ると、義尚もまた代始めにあたり、徳政や武威の顕示を行うことを公方の証しとして自覚していたと思われる。父祖の例に倣い、幕府の権威を復興する夢を追っていたのであろう。

しかし、現実に近江で展開していたのは、義尚と愛人関係にあった結城尚豊《ひさとよ》（尚隆）ら若い側近奉公衆による寺社本所領に対する侵害行為であり、これを誡める管領細川政元《まさもと》との間には隙間風が吹いていた。また肝腎の六角高頼は甲賀郡や隣国の伊賀に逃れて国人たちに抵抗を呼びかけていた。在陣の長引くなか、延徳元年(一四八九)三月、義尚は鈎の陣で病死する。まだ二十五歳だった。出陣前から体調はよくなかったようだが、死の直前には酒と水ばかり飲んでいたという。公方としての理想とそれを遂げられない現実の前に精神のバランスを崩していたのかもしれない。

遺骸の帰京した三十日、「稲麻竹葦」のごとく群がる都人が目にしたのは、二年前の出陣と同様の大行列だった。異なるのは、義尚は輿《こし》の中にあって姿を見せなかったことと、母日野富子が随伴していたことである。一行が京都一条に到着し、洛北の等持院に向かう義尚の輿との別れ際、富子の輿からは「声も惜しまぬ」泣き声が漏れ、路傍の見物人たちも涙を流さぬ者はなかったという(『親長卿記《ちかながきょうき》』『宣胤卿記《のぶたねきょうき》』『山科家礼記』)。

明応の政変　義尚に子はなかった。公方の後継者として、日野富子と畠山政長は義視の子義材《よしき》(のちの義稙《よしたね》、母は富子の妹)を推し、細川政元は伊豆の堀越公方政知の子で相国寺香厳院主の清晃《せいこう》を推した。結果は、富子の意見がとおって義材が選ばれ、美濃の土岐氏のもとにいた義視・義材父子は上洛してくる。

義材は延徳三年(一四九一)八月、六角氏攻撃のため、近江に出陣する。これは未完に終わった義尚の計画の継承であるが、細川政元の反対を押し切っての出陣であり、義材の強い意志を示している。義材には代始めにあたっての武威の顕示の意識はあったのであろう。

しかし義材にあっては、寺社本所領返付政策の方針は確認できない。それどころか、明応《めいおう》元年（一四九二）には、近江の寺社本所領を御料所として幕府が取り上げ、奉公衆たちの兵粮料所にしてしまった。期待のはずれた京都の公家たちは当惑している（『後法興院記』『大乗院寺社雑事記』）。同じ六角氏追討でも、義尚が掲げた寺社本所領返付の趣旨は忘れ去られていたのだ。

ちなみに義満以来の代々の公方は将軍在任中に右近衛大将に就任していたが、この慣例は義尚で最後となり、義材が右近衛大将になることはなかった。これが公武の上に立つ王権としての意識に微妙な変化をもたらせた可能性がある。こののちの公方たちももはや寺社本所領返付や裁判の公正を掲げた徳政の方針を明示することはなかった。戦国期の室町幕府将軍をめぐっては、近年、その政治的権能や身分秩序の頂点にあったことの意義を肯定的にとらえる見方が強くなっている。将軍の存在意義は確かにあっただろうが、義詮、義満から義尚に至るまでの公方たちが曲がりなりにもこだわってきた王権の理想は廃棄されたというべきであろう。それと歩調を合わせるかのように、先代公方に対する法要仏事として、応仁の乱中を除き、百五十年間にわたって続けられてきた等持寺八講は明応元年十二月をもって最後となった。

明応二年二月、応仁の乱の発端となった畠山氏の内紛はまだ続いていた。義就はすでに延徳二年に没していたが、政長は義材擁立の立て役者として健在であり、義材政権の中核だった。その政長の要請を受け、義材は、河内の高屋城《たかやじょう》（羽曳野《はびきの》市）に籠る義就の子基家《もといえ》を攻撃するために出陣した。またしても細川政元の反対を押し切っての出陣であった。義材には諸大名たちも従い、高屋城にほど近い正覚寺《しょうがくじ》に布陣し、しだいに基家を追い詰めていった。

ところが、四月、義材の留守中の京都では、政元が義材を廃位し、香厳院清晃を新たな将軍に擁立するクーデタを起こした。これが明応の政変である。政元のバックには、公方となったのちの義材と不和に陥っていた富子の存在があったと考えられている。義材に同行していた大名たちは早々に京都に引き上げてしまい、義材と政長だけが孤立する形となった。閏四月、正覚寺は落城し、政長は自害、義材は京都に送られて竜安寺に幽閉された。

しかしまもなく義材は脱出して政長派のいる分国越中に迎えられ、依然として将軍を名乗った。そのため、義澄《よしずみ》（清晃）と義材はともに公方を主張して併存することになり、抗争は続いていく。

戦国の世へ　関東では、長享元年（一四八七）に山内・扇谷の両上杉家の抗争が勃発し、再び戦場となっていたが、明応の政変を機に次の時代への胎動が始まる。

古河公方追討が失敗したため、伊豆一国の主《あるじ》にとどめおかれる形になった堀越公方家では、延徳三年(一四九一)、政知が没し、廃嫡されていた長子の茶々丸《ちゃちゃまる》が継母円満院と異母弟潤童子《じゅんどうじ》丸《まる》を殺害して新たな堀越公方となった。しかし殺された円満院は香厳院清晃、すなわち義澄の母でもある。明応の政変によって将軍となった義澄は、母と弟の恨みを晴らすべく、政所執事伊勢氏の一族で義政・義尚の奉公衆、かつ駿河守護今川氏親《うじちか》の母の兄弟でもある伊勢盛時《もりとき》に茶々丸の排除を命じる。盛時は伊豆に入り、明応二年(一四九三)秋、茶々丸の追放に成功した。伊勢盛時。彼こそ早雲庵宗瑞《そううんあんそうずい》、いわゆる北条早雲である。一介の浪人から戦国大名にのしあがった下剋上の代表のように語られてきた早雲であるが、家永遵嗣の研究によって、現在では、備中に本拠をもつ伊勢氏の一族であり、幕府の対関東政策に従って伊豆に入ってきたと考えられるようになっている。茶々丸追放をきっかけに伊豆を制した早雲は、やがて相模に入り、戦国有数の大名領国を築いていくことになる。

明応の政変の影響は、博多の掌握をめぐって大内氏と大友・少弐両氏の抗争の続く西国にも及んだ。京都から越中に逃れた義材は、明応八年、朝倉氏の支援をうけて入京をめざすが叶わず、大内義興《よしおき》を頼って周防《すおう》山口に入る。大内氏の力を背景に復権をめざそうという目論見《もくろみ》であった。大内氏としても公方を名乗る義材を戴くことによって、大友氏らとの戦いを有利に進められるという目算があった。果たせるかな、永正五年(一五〇八)、大内義興は義材を擁して上洛、以後十年にわたって幕府政治をささえることになる。日明貿易においても細川氏と競合し、やがて優位を確立していく。

地方の在地社会はどうなっていただろうか。さきほど公方が徳政を掲げる時代の終焉を指摘したが、時代はすでに寺社本所領保護政策など無意味とさせる状況に至っていた。内裏や幕府御所をはじめ、あまたの邸宅や大寺社が立ち並び、列島内での政治的、経済的、文化的優位性を視覚的に象徴していた京都の荒廃や、そこで華やかな交流を展開させていた公武貴族たちの離散。公方は武威を示すこともできず、あまつさえ公方を名乗る者が併存するような状況は、中世成立期以来、変容はしつつも日本の国家的枠組みの一つの重要な柱となってきた荘園制の存立の前提を失わせるものだった。

幕府や守護の所領政策のもとで終息していた在地社会の武士たちの所領確保を求める自力救済的な動きが活発化する。彼ら相互の抗争、兵糧を求めての本所領荘園への介入。介入される側ももはや中央の領主を当てにすることはなくなった。村は荘園という被膜から抜け出して自ら外の世界との政治交渉を始め、あるいは近隣の武士を受け入れ、あるいは自ら武装を固め、あるいは近隣の村とさまざまな形で連携を深める。そうして村は自らの地位と安全の保証を求

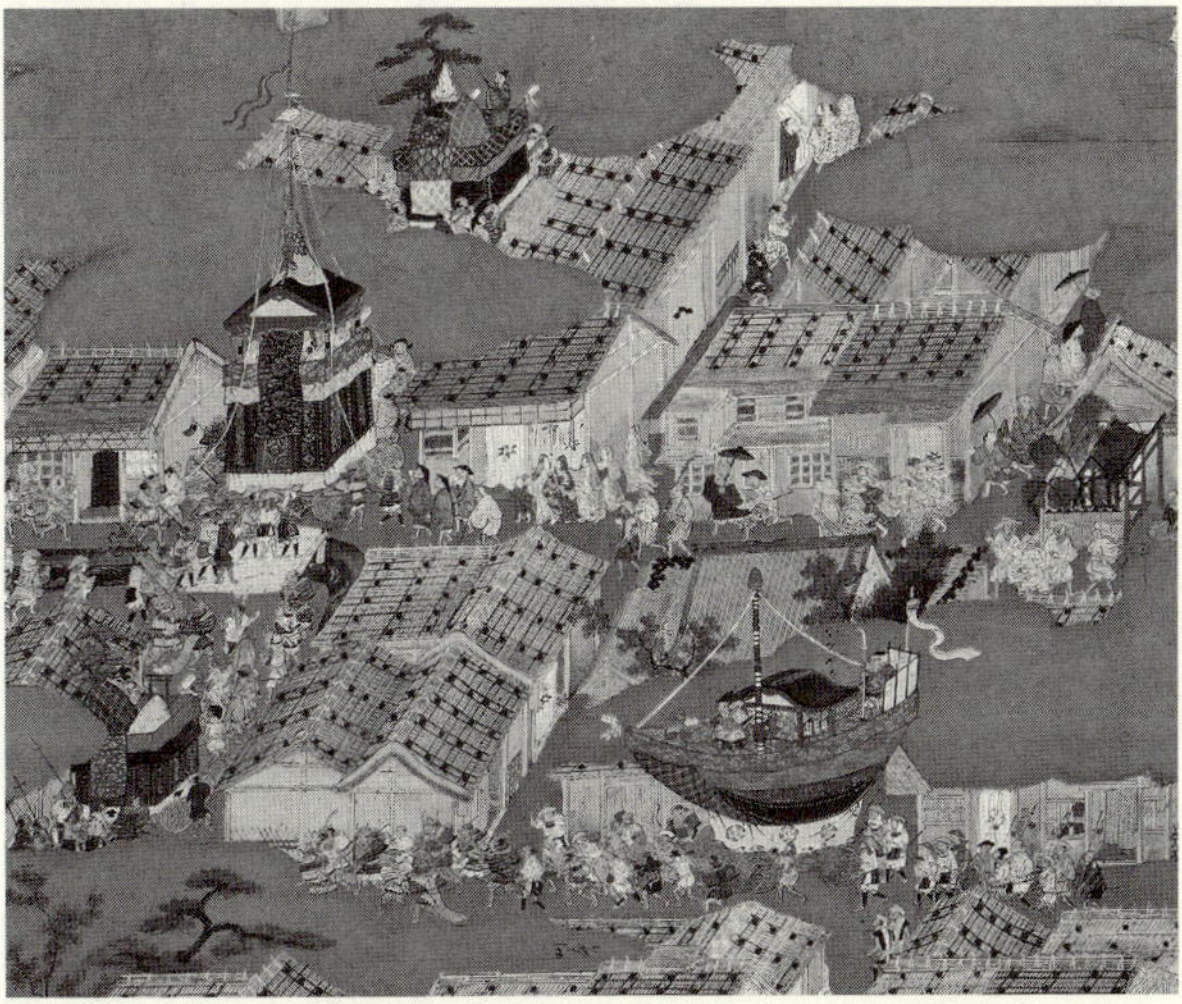

図 5-5　祇園祭の復興(『洛中洛外図屛風』より)

めて、存立の新たな形式を模索していくことになる。

京都はどうか。応仁の乱の終わった京都は大幅に都市域を縮小させ、かつ幕府や禁裏を中心とした上京《かみぎょう》と、商工業者の住む下《しも》京《ぎょう》に分断された形となっていた。早島大祐によれば、市中は治安の悪化に加え、排泄処理の体制の崩壊によって衛生状態が極度に悪化し、疫病が流行していた。社会不安の高まるなか、法華宗が人々の心をとらえていく。また疫病は怨霊によるものという中世初期以来の観念がよみがえり、疫神である祇園社には参詣人が充満した。明応の政変の翌年には、応仁・文明の乱勃発以来中断していた祇園祭の復興が模索されるようになり、明応九年に祇園祭の山鉾《やまぼこ》巡行が復活する(図5-5)。大規模な火災は、まだたびたび発生していたが、町衆《ちょうしゅう》と呼ばれる市民たちは、市中の各所を土塁や堀で防備を固め、治安と衛生状態の回復を図るようになっていく。

室町幕府の歴史は、建武年間の戦乱で荒廃した京都から始まった。幕府体制の安定とともに公武の貴族が集住し、商工業者が軒を連ねた。その繁栄を再び戦乱が焼き尽くす。人々は去り、一つの時代をささえた原則は崩れた。時代は大きく変わろうとしていた。政治、社会が安定を取り戻すには一世紀もの時間とおびただしい流血が必要だったが、幕府の膝元、京都において新たな時代への動きがほのかに見えてきたところで、本書を閉じることとしたい。

おわりに

二つの時代の交い

鎌倉幕府の崩壊から明応の政変までの歴史を見てきた。振り返れば、前代の幕府は耕地開発の飽和期を迎え、社会の上層部でも在地社会でも所領をめぐる紛争の横溢した状況の中で崩壊していった。その社会状況が継続しているわけだから、鎌倉後期の為政者たちが当面していた課題はそのまま室町幕府にも引き継がれることになった。幕府の基本的な構造も人的基盤も、前代の形を継承したのは当然であろう。そして、状況への対応のあり方も前代の為政者たちのそれを継承した。それが本文で再三言及した、寺社領保護と裁判の興行を柱とした徳政である。

あるべき秩序への復帰を標榜するこの政策は、中世成立期以来の社会構造である荘園制を維持することと表裏の関係にある。室町幕府の公方たちは、鎌倉期の為政者たちに範を求めることによって、社会状況の混迷に立ち向かおうとしていたのである。そして、公武の一体化が進み、武家の支配層たちが荘園領主の一角に食い込んだこと、また地方の武士たちの自力救済的な所領確保の運動も、この体制のもとで彼らの一定の権益が保証される形で抑制されたことによって、時代はしばしの安定を迎えることになる。その意味で、室町時代は鎌倉後期から続く時代の運動の一つの到達点だといえよう。また平安末期に成立した社会システムが機能した最後の時代ということになるだろう。

しかし安定は長くは続かなかった。続かなかった要因はいろいろと考えられよう。抑制されたとはいえ、地方の武士たちの所領確保の欲求そのものは決して低減しているわけではなく、何かの状況変化があれば再燃しかねない危うさをはらんでいた。天候という要因もあるだろう。飽和段階にある耕地開発の動きが新たなフロンティアに挑んだ結果、農村社会が災害への脆弱さをかかえることになったことも予想される。また為政者たちの資質や生命という偶然的要素による部分もあっただろう。もしあの公方が長命であればとか、この管領に男子があればといったことも思わないではないが、特定の人格に政権の行方を依存している段階の権力であれば偶然的要因による浮沈は避けられない。巡りあわせがよければ室町幕府の命運は多少長かったかもしれないが、いずれは似たような道をたどっただろう。また公方たちが武威の顕示にこだわったことが、社会への負荷を高めた面はあっただろうが、これも、武士を統率するところに原点がある政権である以上、不可避の選択だっただろう。

ともあれ室町の安定期の終焉とともに、平安末期から続いてきた一つの時代は去っていく。他方、鎌倉後期に誕生した集落は、井溝の改善、零細な開発などの努力を重ね、平坦な道ではなかっただろうが、一歩一歩その存在を確かなものにしていく。祭礼をはじめとする年中行事を生み、人の組織をつくりあげつつ、近世、近代、そして現代へと続くものを築きつつあった。この時代は現代に続く新たな時代の始まりでもある。室町時代は二つの大きな時代の交わる地点にあったといえるだろう。

南北朝・室町時代と現在

もっとも、室町時代は現在に続いている、といっても、それに共感をいだいていただけるのも、ある年代から上の読者かもしれない。都市周辺では、集落は都市化の波に飲み込まれ、意識的に前近代の村の姿を探索しているのでなければ、なかなか気づきにくい。存在することが当たり前のように思っていた農村や漁村も、高度成長期以後の人口変動や交通体系の変化で急速に姿を変え、今はさらに少子高齢化の中で存在することと自体の危機に立たされている。集落だけではない。室町時代に生まれ、「日本の伝統文化」と呼ばれてきた文化行為も、現在の私たちのまわりから急速に消えつつある。お茶もお花もすでに日常生活からは縁遠くなっている。畳を敷きつめた部屋で、襖や障子に囲まれて生活することとすらも、だれにでも自明という時代ではなくなった。

そのように考えれば、今、私たちは十四、五世紀くらいに産声をあげた長い、一つの時代の終焉に立ち会っているといえるのかもしれない。これから先どうなるのか、到底著者などに予測のつくことではないが、つい少し前まで私たちの身の回りにあった眺めの生まれた時代として、室町時代を覚えておいてほしいと思う。

最後に、本文中の叙述に組み込めなかったことを補足しておきたい。一九九五年の阪神淡路大震災、二〇一一年の東日本大震災を経験し、歴史学は自然史と対峙することを避けては通れなくなった。地震、火山噴火、台風、気象の長期変動など、人間の営みとはまったく無関係に突発したイベントがどのような具体相であったのか、そして当時の人間はどう対応し、社会には何がもたらされたのか、という視点はこれからの歴史学では欠かせないことであろう。

本書で扱った時代のうちの地震についていえば、この時期内に、太平洋側で少なくとも二度の巨大地震があったことが知られている。一つは康安元年（一三六一）六月二十二日と二十四日である。東海沖と南海沖を震源とする二つの巨大地震が連動して発生し、難波の浦（大阪市）では地震直後の引き潮とその後襲ってきた大津波によって多くの死者を出したこと、阿波の由岐《ゆき》（徳島県美波《みなみ》町）では人家一千七百軒が流されたことが『太平記』に記されている。大阪の四天王寺や、奈良の法隆寺などの諸大寺でも堂舎に被害を出している。

もう一つは、本書の最後に触れた明応の政変の五年後である。明応七年(一四九八)八月二十五日、東海沖を震源とする巨大地震が発生して、紀伊半島から伊豆半島西岸にかけての沿岸部では津波によって大きな被害を受けている。伊勢湾岸の重要港津として繁栄していた安濃津《あのつ》(津市)や大湊《おおみなと》(伊勢市)は壊滅し、復興までには長い年月を要した。浜名湖と遠州灘を隔てていた砂州が津波によって破壊され、現在の今切《いまぎれ》の湖口が誕生したことは、三・一一以後はよく知られるようになっている(それまでは今切より西に小さな入り江があり、それと浜名湖が接する地点に橋が架かっていた)。さらに、最近では、この大地震に先立つ明応四年八月にも相模湾岸を襲う津波があり、鎌倉や伊豆半島東岸で大きな被害があったことが明らかになっている。

これらの巨大地震が当時の社会にどのような影響を与えたか、明確に語っている史料は少ない。しかし紀伊半島近くで発生した康安の地震が半島の山深くにいた南朝の支持勢力に与えたダメージは小さくなかっただろう。また明応の大津波は中世の自然災害としては、伝承も含めて多くの記録をもっており、人々の受けた衝撃の大きさを物語っている。京都と関東をつなぐ、当時においても本州の大動脈であった東海地域に展開する壊滅的な被災風景は、黄昏ゆく室町社会の人々の目にはどう映っただろうか。また自分たちの生きる時代をどのように意識させただろうか。

三・一一の大津波が『日本三代実録』に記述された九世紀の津波と酷似していたことは、過去の災害がわれわれから切り離されたものではないことを思い知らせるものだった。五百年前から現在に続いているのは人間の営みが生み出したものだけではない。自然の営みもまた、まちがいなく今に続いていることを忘れてはならないだろう。

あとがき

正直に告白すると、歴史を扱うことを生業としていながら年代、人物名、人物関係を覚えることが大変苦手である。歴史の著作を読んでいても、人物に関する似たような固有名詞が次々と出てくると固まってしまう。そんな人間が通史を書くのであるから、人物名は最小限にとどめることにした。室町幕府政治の具体的な過程や歴代公方の個性による違いについてもあまり立ち入らず、むしろ彼らに一貫する要素を見出すことに努めた。その結果、思いきって単純化した叙述になったので、精緻化している現在の研究動向からすれば雑駁との批判を受けるかもしれない。しかし若干の原則性に気づいたことによって、年代や人名を記憶することが苦手な著者自身にとっては、複雑な政治史の展開過程を少しは頭に入れやすくなった。共感していただける読者があれば幸いである。

人名を覚えるのは苦手なのだが、地名ならばいくらでも頭に入って来てくれる。一九七〇年代の終わりから八〇年代にかけてのころ、荘園制下の村のことから研究を始めた私は、各地の荘園現地を訪れることが多かった。本書で何度か言及した播磨の矢野庄《やのしょう》は、私にとっては一番大事なフィールドである。鎌倉末期から南北朝期にかけて、この荘園で作成されたいくつかの土地台帳には数百の地名が書き上げられている。地名とは人家がある場所だけに付けられるものではない。田畠だけ、山林だけの場所にも、場所を特定するための小さな地名が付けられていた。

それらの中には、現在も大字《おおあざ》、小字《こあざ》として使用されているものもあるが、現用の行政文書に記載されていないものはその数倍あった。現地に出かけ、田んぼで仕事をされている方を見つけると、片っ端から現在地不詳の地名について、耳にしたことがないか尋ねて回った。当たりがよかったとはいわないが、七百年前の土地台帳に記された地名を「あそこだよ」と教えていただける場合も少なくなかった。七百年間、同じような用水が使われ、変わらぬ形をした田んぼが耕され、変わらぬ名前で呼ばれていたのである。七百年という時間の意外な短さを感じないではいられなかった。

あれから四十年。宅地化、道路建設、圃場《ほじょう》整備事業などで用水も耕地の形も変わり、古くからの地名を使い続けることの意味は失われた。かつての地名や水利にかかわる慣行を知っている方もほとんどいなくなった。しかし、それでもなお、十三世紀末の土地台帳に記された集落や祠《ほこら》は今もしっかりと存在している。失われたものへの哀惜の思いはもちろんあるが、それよりも七百年も続く実績を残した、名も知らない人たちに賛辞を贈りたい。凄いものを作りましたね、と。

二〇一六年三月三十一日

榎原雅治

索　引

人　名

あ 行

か 行

さ 行

た 行

な 行

は 行

ま 行

や・ら・わ 行

事項

あ行

か行

さ行

た行

な 行

は 行

ま 行

や・ら・わ 行

年表

西暦	和暦	事項
1324	正中元	9 後醍醐天皇の倒幕計画，失敗に終わる(正中の変)
1331	元徳3/元弘元	5 後醍醐天皇による倒幕計画発覚，側近ら捕縛・処刑(元弘の変)　8 後醍醐天皇，笠置山に逃れる　9 楠木正成，挙兵
1332	正慶元/元弘 2	3 幕府，後醍醐天皇を隠岐，尊良親王を土佐，尊澄法親王を隠岐に流す　11 護良親王，吉野に挙兵．楠木正成，応じる
1333	正慶2/元弘 3	②吉野城，落ちる．後醍醐天皇，隠岐を脱出　3 菊池武時，鎮西探題を攻め敗死　4 足利高氏，後醍醐方に転じる　5 六波羅が落ちる．新田義貞，鎌倉を落とし，北条高時以下の一門，自害．鎮西探題滅ぶ　6 後醍醐天皇帰京．護良親王を征夷大将軍に任じる　9 雑訴決断所を置く
1334	建武元	5 徳政令を発する　8 京都で二条河原の落書　11 護良親王，尊氏と対立し鎌倉に流される
1335	建武 2	6 西園寺公宗，後醍醐暗殺を企てる　7 北条時行，信濃で挙兵，鎌倉を攻略．足利直義，護良親王を殺害して敗走(中先代の乱)　8 足利尊氏が鎌倉を奪還　12 足利軍，新田義貞を箱根・竹之下に破る
1336	建武3/延元元	1 足利軍入京．新田義貞・北畠顕家ら，足利軍を破り入京　2 足利尊氏，九州へ敗走　4 尊氏，九州より東上　5 尊氏，湊川の合戦で楠木正成を破る　11 尊氏，「建武式目」を定める(室町幕府の成立)　12 後醍醐天皇，吉野へ移る(南北朝並立)

1337	建武4/延元2	3 新田義貞，金崎城に敗れる　12 北畠顕家，義良親王を奉じ鎌倉を攻略
1338	暦応元/延元3	5 北畠顕家，高師直らと和泉石津に戦い死ぬ　⑦新田義貞，斯波高経と越前藤島に戦い死ぬ　8 北朝，尊氏を征夷大将軍とする　9 北畠親房，常陸に入る
1339	暦応2/延元4	8 後醍醐天皇没(52)．後村上天皇即位
1348	貞和4/正平3	1 楠木正行，高師直と河内四条畷に戦って死ぬ．師直，吉野を攻め落とし，後村上天皇，賀名生へ移る
1349	貞和5/正平4	⑥足利直義，高師直と抗争し，失脚　8 尊氏，上杉重能，畠山直宗を越前に流し，殺害　9 足利直冬，九州に逃れる
1350	観応元/正平5	10 足利直義，京都脱出．桃井直常と畠山国清，直義に帰参．南朝より尊氏追討の宣旨．直義と高師直・師泰の抗争始まる(観応の擾乱)　12 直義，南朝に降る．この年より倭寇，高麗の沿海を侵す
1351	観応2/正平6	1 高師冬，直義党に攻められ甲斐で自殺　2 直義軍，摂津打出浜で尊氏軍を破る．上杉能憲，高師直・師泰を殺害　10 尊氏，南朝と講和　11 南北両朝が一時和す(正平の一統)
1352	文和元/正平7	1 尊氏鎌倉に入り，直義降伏　2 後村上天皇，賀名生を出発．直義急死(毒殺か)　②正平の一統破れる　3 尊氏，鎌倉を，義詮，京都を回復　6 南朝，光厳・光明・崇光3天皇と直仁親王を吉野へ連れ去る　7 幕府，近江・美濃・尾張の本所領の当年一作を半済とする　11 足利直冬，南朝に降る
1353	文和2/正平8	6 山名時氏・楠木正儀ら京都へ突入．後光厳天皇，美濃に逃れる　7 義詮，京都を回復　9 尊氏，後光厳天皇を奉じて入京

1354	文和3/正平9	10 義詮，播磨に出陣
1355	文和4/正平10	1 足利直冬・山名時氏・桃井直常らの南軍が入京．尊氏，後光厳天皇を奉じて近江に逃れる　2 南北両軍，京都で戦う　3 南軍敗れ，京都を退く　10 懐良親王，九州探題を攻める
1357	延文2/正平12	2 光厳・崇光両上皇と直仁親王，京都に帰る
1358	延文3/正平13	4 足利尊氏没(54)
1359	延文4/正平14	8 懐良親王・菊池武光らが少弐氏を破る(筑後川の戦い)　12 義詮，畠山国清らと南朝を攻める
1360	延文5/正平15	5 細川清氏ら楠木正儀を攻める
1361	康安元/正平16	6 畿内大地震　8 懐良親王，征西将軍府を開く　10 細川清氏，南朝に降る(康安の政変)　12 細川清氏・楠木正儀ら，京都に迫り，足利義詮，一時近江武佐に逃れる
1363	貞治2/正平18	春，大内弘世，幕府に帰服　9 山名時氏，幕府に帰服
1366	貞治5/正平21	8 斯波高経・義将，義詮より越前に下向を命じられる(貞治の政変)
1367	貞治6/正平22	4 足利基氏没(28)　5 足利氏満，鎌倉公方となる　12 足利義詮没(38)
1368	応安元/正平23	6 幕府，「応安の半済令」を発する．この年，明，建国
1369	応安2/正平24	1 楠木正儀，幕府に降る．この年，倭寇が明の沿岸を襲う．明，懐良親王に倭寇の禁圧を求める
1370	応安3/建徳元	7 今川貞世，九州探題となる
1371	応安4/建徳2	この年，入貢した懐良親王に対し，明が「日本国王」に封ずる．このころ『太平記』成る

1373	応安6/文中2	10 幕府，鎌倉五山の制を定める
1375	永和元/天授元	8 今川貞世，少弐冬資を肥後水島の陣に誘い殺害(水島の変)
1377	永和3/天授3	6 越中で，細川頼之方と斯波義将方との間に抗争起こる．この年，播磨矢野庄の惣荘一揆起こる
1378	永和4/天授4	3 足利義満，室町殿(花の御所)に移る　9 菊池武朝，肥後で今川貞世に敗れる　12 義満，南朝攻撃のために出陣する
1379	康暦元/天授5	3 足利氏満，義満への反逆を企て，執事上杉憲春の諫死により思いとどまる　④足利義満，斯波義将らの要求により管領細川頼之を罷免，頼之，讃岐に下る(康暦の政変)
1380	康暦2・天授6	6 足利氏満，小山義政の追討を命じる
1381	永徳元/弘和元	3 後円融天皇，義満の室町殿に行幸
1382	永徳2/弘和	①楠木正儀，南朝に復し，山名氏清と河内平尾に戦い敗れる
1385	至徳2/元中2	9 倭寇，高麗を襲い，李成桂，これを破る
1386	至徳3/元中3	7 足利義満，五山の序列を改め，南禅寺を五山の上とする
1390	明徳元/元中7	③幕府，美濃守護土岐康行を討つ
1391	明徳2/元中8	11 足利義満，山名満幸を京都から追放．満幸，叔父氏清に謀反を説く　12 山名氏清挙兵，敗死(明徳の乱)
1392	明徳3/元中9	1 山名一族の守護国を分配，大内義弘が和泉・紀伊の守護となる　2 義弘，山名義理を紀伊に討つ　10 南北朝の和議　⑩後亀山天皇，帰京(南北朝合一)

1395	応永 2	6 足利義満，出家　8 幕府，今川貞世の九州探題を解く
1399	応永 6	10 大内義弘，義満の召喚により堺に至り，籠城(応永の乱)．鎌倉公方満兼もこれに応じようとするが止まる　12 大内義弘，敗死
1404	応永11	5 明使，「日本国王之印」・永楽勘合符などを携え来航．義満引見
1408	応永15	5 足利義満没(51)，義持の執政始まる
1409	応永16	9 足利持氏，鎌倉公方となる
1411	応永18	7 飛驒守護の京極高光，同国国司姉小路尹綱を討つ
1412	応永19	8 後小松天皇，称光天皇に譲位
1416	応永23	10 上杉氏憲(禅秀)ら，持氏に対し謀反を起こす(上杉禅秀の乱)
1418	応永25	6 義持，明使の入京を拒む(対明断交)
1419	応永26	6 朝鮮，対馬・壱岐に来襲．九州探題渋川義俊らこれを退ける(応永の外寇)
1423	応永30	3 義持，征夷大将軍を辞し，義量これに替わる　5 持氏，小栗満重を攻め，幕府と対立する
1424	応永31	2 幕府，鎌倉府と和睦する
1425	応永32	2 足利義量没(18)
1427	応永34	10 足利義持，赤松満祐の罷免をはかる
1428	正長元	1 足利義持没(43)．くじにより義持の弟青蓮院義円を将軍の後嗣に定める　3 義円，義宣と改名　7 称光天皇没(28)．伏見宮彦仁，後花園天皇となる　8 近江に土一揆が起こり，京畿諸国に広がる
1429	永享元	1 播磨の土一揆
1432	永享 4	9 義教，富士見物と称して駿河まで下向する　10～12 大和の土一揆．この年，義教，遣明船を再開する
1433	永享 5	7 比叡山山徒，義教側近の不正を訴え，幕府に強訴(永享の山門騒動)　11 比叡山山徒蜂起

1434	永享 6	10 比叡山山徒，日吉神輿を奉じて上洛し強訴　11 幕府，比叡山山徒を攻める
1435	永享 7	2 幕府，比叡山の僧らを殺す．山徒ら，根本中堂を焼き，自殺者多数
1437	永享 9	12 山名持豊と赤松満祐不和．義教，和解させる
1438	永享10	6 足利持氏，先例を無視し子義久に加冠．上杉憲実，諫める　8 憲実，持氏と不和により上野に逃れる．持氏，憲実を討とうとする．幕府，持氏征討の軍を発する(永享の乱)
1439	永享11	2 幕府，持氏を攻めて自殺させる
1440	永享12	3 持氏の子安王丸・春王丸，挙兵，結城氏朝これを助け，結城城に迎える　5 義教，武田信栄らに命じ，一色義貫・土岐持頼を殺害
1441	嘉吉元	4 結城城落ち，安王丸・春王丸殺害　6 赤松満祐，将軍義教を誘殺し，播磨に下る(嘉吉の乱)　8〜9 畿内で土一揆　9 山名持豊ら，播磨城山城を陥す．赤松満祐自殺．幕府，徳政令を発布　⑨幕府，天下一同の徳政令発布
1443	嘉吉 3	7 足利義勝没(10)．義政，公方となる
1447	文安 4	7 山城・大和・近江・河内で土一揆
1449	宝徳元	1 足利持氏の末子成氏を鎌倉公方とする　4 義政，征夷大将軍となる
1450	宝徳 2	4 長尾景仲ら，成氏を襲う．成氏，江の島に逃れる
1454	享徳 3	4 畠山氏の家督争いが始まる　9 京都に土一揆起こる　10 徳政令を改め，分一銭の納入を条件として徳政を認める　12 足利成氏，上杉憲忠を攻め殺す(享徳の乱)
1455	康正元	1 上杉憲顕・顕房，分倍河原の戦いで敗死　6 今川範忠，幕命により鎌倉入り．成氏，古河に拠る(古河公方)　7 幕府，畠山義就と政長を和解させる
1457	長禄元	5 北海道南部でコシャマインの乱　7 旱魃・疾

		病のため諸国で祈禱．河内で土一揆　10〜11 京都で土一揆　12 幕府，分一銭の納入を条件として徳政を禁止．この年，義政，足利政知を伊豆堀越に遣わす(堀越公方)
1459	長禄3	1 今参局，失脚し自害　7 斯波義敏，越前で甲斐常治と戦い，敗れる
1460	寛正元	9 幕府，闕所地給与の法を定める．畠山義就，義政の勘気にふれ，河内に走る．政長，畠山氏を嗣ぐ　10 幕府，関東奥羽の諸将に成氏追討を命じる
1461	寛正2	1 寛正の飢饉　9 渋川義廉，斯波氏家督となる
1463	寛正4	4 畠山政長，畠山義就の河内嶽山城を陥す．義就，高野山に逃れる
1464	寛正5	7 後花園天皇，後土御門天皇に譲位　12 義政，弟の浄土寺門跡義尋を後継者に指名(還俗して義視)
1465	寛正6	11 日野富子，義尚を産む
1466	文正元	9 伊勢貞親，足利義視殺害をはかるが，失敗して失脚(文正の政変)
1467	応仁元	1 畠山義就，畠山政長，上御霊社に戦う　2 義視，細川勝元と山名持豊の間を調停する　5 山名持豊・畠山義就・斯波義廉ら(西軍)と細川勝元・畠山政長・斯波義敏ら(東軍)，交戦(応仁の乱始まる)
1468	応仁2	11 義視，義政と不和となり，西軍の陣に入る
1469	文明元	4 足利義視，四国・九州の諸将に出兵を求める
1471	文明3	8 西軍諸将擁立の小倉宮の王子，上洛
1472	文明4	12 義政，将軍職を辞し，義尚，元服してこれに代わる
1473	文明5	3 山名持豊没(70)　5 細川勝元没(44)
1476	文明8	11 室町殿火災
1477	文明9	11 大内政弘らの西軍諸将，分国に帰る．義視，土岐成頼を頼り美濃に下る(応仁の乱一応の

		終息)
1478	文明10	1 足利成氏，上杉顕定らと和す　7 義政，義視と和す．成氏，古河へ帰る　12 山城の土一揆
1482	文明14	2 義政，東山山荘の造営を始める　11 義政，足利成氏と和す
1485	文明17	12 山城の国一揆
1487	長享元	9 足利義尚，近江の六角高頼の追討開始　11 上杉(山内)顕定と上杉(扇谷)定正，敵対する　12 加賀一向一揆蜂起
1489	延徳元	3 義尚，近江鈎の陣で病没(25)　4 日野富子らの推挙により，美濃の足利義視・義材父子，上洛
1490	延徳 2	1 足利義政没(55)．義材，後嗣となる
1491	延徳 3	8 義材，六角高頼を討つため近江に出陣
1493	明応 2	2 義材，畠山義就の子基家を河内に攻める　4 細川政元，義材を廃し清晃(義高・義澄)をたてる(明応の政変)　④細川政元，畠山政長を河内に攻めて自殺させる．義材，幽閉されるが脱出．のち越中に逃れる．この年，伊勢盛時(北条早雲)，伊豆堀越に足利茶々丸を攻めて自殺させる
1494	明応 3	9 義材，越中で挙兵
1498	明応 7	8 東海地方に大地震　9 足利義材(改名し義尹)，上洛をはかり，越中より越前に入り，守護朝倉貞景を頼る
1499	明応 8	11 義材，越前より近江に入るも六角高頼に攻められ，周防に逃れる
1500	明応 9	7 祇園祭復興

参考文献

全般にかかわるもの

『岩波講座日本歴史7　中世3』岩波書店，1976
『岩波講座日本通史9　中世3』岩波書店，1994
『岩波講座日本歴史8　中世3』岩波書店，2014
『岩波講座日本歴史9　中世4』岩波書店，2015
家永遵嗣『室町幕府将軍権力の研究』(東京大学日本史学研究叢書1)1995
今谷明『日本国王と土民』(日本の歴史9)集英社，1992
榎原雅治編『一揆の時代』(日本の時代史11)吉川弘文館，2003
笠松宏至『徳政令』岩波新書，1983
勝俣鎮夫『一揆』岩波新書，1982
桜井英治『室町人の精神』(日本の歴史12)講談社，2001
中世後期研究会編『室町・戦国期研究を読みなおす』思文閣出版，2007
富田正弘『中世公家政治文書論』吉川弘文館，2012
安田次郎『走る悪党，蜂起する土民』(全集日本の歴史7)小学館，2008
山田邦明『室町の平和』(日本中世の歴史5)吉川弘文館，2009
歴史学研究会・日本史研究会編『日本史講座4　中世社会の構造』東京大学出版会，2004

第1章

悪党研究会編『悪党の中世』岩田書院，1998
市沢哲『日本中世公家政治史の研究』校倉書房，2011
伊藤喜良『南北朝の動乱』(日本の歴史8)集英社，1992
小川信『足利一門守護発展史の研究』吉川弘文館，1980
小林一岳『元寇と南北朝の動乱』(日本中世の歴史4)吉川弘文館，2009
阪田雄一「高氏・上杉氏の確執をめぐって」田中大喜編『下野足

利氏』戎光祥出版，2013
櫻井彦『南北朝内乱と東国』(動乱の東国史 4)吉川弘文館，2012
佐藤進一『南北朝の動乱』(日本の歴史 9)中央公論社，1965
清水克行『足利尊氏と関東』吉川弘文館，2013
瀬野精一郎『足利直冬』吉川弘文館，2005
新田一郎『太平記の時代』(日本の歴史 11)講談社，2001
藤木久志『雑兵たちの戦場』朝日新聞社，1995
村井章介『分裂する王権と社会』(日本の中世 10)中央公論新社，2003
村井章介編『南北朝の動乱』(日本の時代史 10)吉川弘文館，2003
森茂暁『南北朝期公武関係史の研究』文献出版，1984
森茂暁『闇の歴史，後南朝』角川書店，1997

第 2 章

石原比伊呂『室町時代の将軍家と天皇家』勉誠出版，2015
今枝愛真『中世禅宗史の研究』東京大学出版会，1970
今谷明『室町の王権』中公新書，1990
臼井信義『足利義満』吉川弘文館，1960
小川剛生『足利義満』中公新書，2012
大田壮一郎『室町幕府の政治と宗教』塙書房，2014
川上貢『日本中世住宅の研究』中央公論美術出版，2002
東京国立博物館・国華社・朝日新聞社編『室町時代の屛風絵』朝日新聞社，1989
二木謙一『中世武家儀礼の研究』吉川弘文館，1985
細川武稔『京都の寺社と室町幕府』吉川弘文館，2010
水野智之『室町時代公武関係の研究』吉川弘文館，2005
桃崎有一郎『中世京都の空間構造と礼節体系』思文閣出版，2010

第 3 章

伊藤俊一『室町期荘園制の研究』塙書房，2010
井原今朝男編『環境の日本史 3　中世の環境と開発・生業』吉川弘文館，2013

榎原雅治『日本中世地域社会の構造』校倉書房，2000
葛飾区郷土と天文の博物館編『東京低地の中世を考える』名著出版，1995（長塚孝「鎌倉・室町期の葛西地域」ほか）
川添昭二編『よみがえる中世1　東アジアの国際都市博多』平凡社，1988
菊池徹夫・福田豊彦編『よみがえる中世4　北の中世津軽・北海道』平凡社，1989
黒田日出男『日本中世開発史の研究』校倉書房，1984
国立歴史民俗博物館『中世都市十三湊と安藤氏』新人物往来社，1994
関周一『朝鮮人のみた中世日本』吉川弘文館，2013
宋希璟・村井章介校注『老松堂日本行録——朝鮮使節の見た中世日本』岩波文庫，1987
薗部寿樹『中世村落と名主座の研究』高志書院，2011
沼津市教育委員会編『大平村古記録』（沼津市史叢書7）沼津市教育委員会，2000
原田信男『中世の村のかたちと暮らし』角川学芸出版，2008
水野章二編『中世村落の景観と環境　山門領近江国木津荘』思文閣出版，2004
吉田敏弘「中世村落の構造とその変容過程——「小村＝散居型村落」論の歴史地理学的再検討」『史林』66-3，1983
綿貫友子『中世東国の太平洋海運』東京大学出版会，1998
和田久徳「十五世紀初期のスマトラにおける華僑社会」『お茶の水女子大学人文科学紀要』20，1967

第4章

小国浩寿『鎌倉府と室町幕府』（動乱の東国史5）吉川弘文館，2013
川岡勉『山名宗全』吉川弘文館，2009
木下聡編『管領斯波氏』戎光祥出版，2015
木下聡編『足利義政発給文書（1）（2）』戦国史研究会，2015, 2016
末柄豊「細川氏の同族連合体制の解体と畿内領国化」石井進編

『中世の法と政治』吉川弘文館，1992
杉山一弥『室町幕府の東国政策』思文閣出版，2014
田辺久子『関東公方足利氏四代』吉川弘文館，2002
百瀬今朝雄「応仁・文明の乱」『岩波講座日本歴史 7　中世 3』岩波書店，1976 年
吉田賢司『室町幕府軍制の構造と展開』吉川弘文館，2010
山田邦明『鎌倉府と関東』校倉書房，1995

第 5 章

家永遵嗣「軍記『応仁記』と応仁の乱」学習院大学文学部史学科編『歴史遊学』山川出版社，2001
河内将芳『祇園祭の中世』思文閣出版，2012
川岡勉『山城国一揆と戦国社会』吉川弘文館，2012
神田千里『土一揆の時代』吉川弘文館，2004
木下昌規『戦国期足利将軍家の権力構造』岩田書院，2014
酒井紀美『応仁の乱と在地社会』同成社，2011
清水克行『大飢饉，室町社会を襲う！』吉川弘文館，2008
末柄豊「応仁・文明の乱」『岩波講座日本歴史 8　中世 3』岩波書店，2014
田中克行『中世の惣村と文書』山川出版社，1998
田端泰子『足利義政と日野富子』山川出版社，2011
鳥居和之「応仁・文明の乱後の室町幕府」『史学雑誌』92-2，1987
則竹雄一『古河公方と伊勢宗瑞』(動乱の東国史 6) 吉川弘文館，2013
早島大祐『首都の経済と室町幕府』吉川弘文館，2006
早島大祐『足軽の誕生』朝日新聞社，2012
藤木久志『飢餓と戦争の戦国を行く』朝日新聞出版，2001
山田康弘『戦国期室町幕府と将軍』吉川弘文館，2000

おわりに

石橋克彦『南海トラフ巨大地震』岩波書店，2014

図版出典

1-1　清浄光寺蔵
1-2　等持院蔵
1-3　前田育徳会尊経閣文庫蔵(佐藤進一・池内義資編『中世法制史史料集』第2巻，岩波書店，1957)
1-5　高幡不動尊金剛寺蔵，日野市教育委員会提供
1-6　東京大学史料編纂所蔵
2-4　鹿苑寺蔵
2-7　中村利則『町家の茶室』淡交社，1981
2-8　愛宕神社蔵，京都国立博物館提供
2-9　米沢市上杉博物館蔵
2-10　宇陀市教育委員会提供
2-11　当麻寺蔵
3-1　模本，東京大学史料編纂所蔵
3-2　国土地理院2万5000分の1地形図
3-3　菅浦区有，滋賀大学経済学部付属資料館寄託(東京大学史料編纂所『日本荘園絵図聚影　東日本二』東京大学出版会，1996)
3-4　京都府立総合資料館蔵
3-5　浅口市教育委員会提供
3-6　国立歴史民俗博物館編『中世都市十三湊と安藤氏』新人物往来社，1994を一部改変
3-7　シアトル美術館蔵
4-1　神護寺蔵
4-2　妙興寺蔵
4-6　国立歴史民俗博物館蔵
4-9　若宮八幡宮蔵
5-1　大島奥津島神社蔵，滋賀大学経済学部付属資料館寄託(歴史学研究会編『日本史史料2　中世』岩波書店，1998)
5-2　真正極楽寺蔵

図版出典

5-3　本圀寺蔵(『続々日本絵巻大成　伝記・縁起篇 2　日蓮聖人註画讃』中央公論社，1993)

5-4　地蔵院蔵(東京大学史料編纂所編纂『大日本史料　第八編之二十』東京大学出版会，1940)

5-5　米沢市上杉博物館蔵

榎原雅治

1957年岡山県生まれ
1982年東京大学大学院人文科学研究科博士課程中退
現在－東京大学名誉教授
専攻－日本中世史
著書－『日本中世地域社会の構造』(校倉書房)
『村の戦争と平和』(日本の中世12，共著，中央公論新社)
『一揆の時代』(日本の時代史11，編著，吉川弘文館)
『中世の東海道をゆく』(中公新書)
『地図で考える中世』(吉川弘文館) ほか

室町幕府と地方の社会
シリーズ 日本中世史③　　岩波新書(新赤版)1581

2016年5月20日　第1刷発行
2024年4月5日　第7刷発行

著　者　榎原雅治《えばらまさはる》

発行者　坂本政謙

発行所　株式会社 岩波書店
〒101-8002 東京都千代田区一ツ橋2-5-5
案内 03-5210-4000　営業部 03-5210-4111
https://www.iwanami.co.jp/

新書編集部 03-5210-4054
https://www.iwanami.co.jp/sin/

印刷製本・法令印刷　カバー・半七印刷

ISBN 978-4-00-431581-0　　Printed in Japan

岩波新書新赤版一〇〇〇点に際して

ひとつの時代が終わったと言われて久しい。だが、その先にいかなる時代を展望するのか、私たちはその輪郭すら描きえていない。二〇世紀から持ち越した課題の多くは、未だ解決の緒を見つけることのできないままであり、二一世紀が新たに招きよせた問題も少なくない。グローバル資本主義の浸透、憎悪の連鎖、暴力の応酬――世界は混沌として深い不安の只中にある。

現代社会においては変化が常態となり、速さと新しさに絶対的な価値が与えられた。消費社会の深化と情報技術の革命は、種々の境界を無くし、人々の生活やコミュニケーションの様式を根底から変容させてきた。ライフスタイルは多様化し、一面では個人の生き方をそれぞれが選びとる時代が始まっている。同時に、新たな格差が生まれ、様々な次元での亀裂や分断が深まっている。社会や歴史に対する意識が揺らぎ、普遍的な理念に対する根本的な懐疑や、現実を変えることへの無力感がひそかに根を張りつつある。そして生きることに誰もが困難を覚える時代が到来している。

しかし、日常生活のそれぞれの場で、自由と民主主義を獲得し実践することを通じて、私たち自身がそうした閉塞を乗り超え、希望の時代の幕開けを告げてゆくことは不可能ではあるまい。そのために、いま求められていること――それは、個と個の間で開かれた対話を積み重ねながら、人間らしく生きることの条件について一人ひとりが粘り強く思考することではないか。その営みの糧となるものが、教養に外ならないと私たちは考える。歴史とは何か、よく生きるとはいかなることか、世界そして人間はどこへ向かうべきなのか――こうした根源的な問いとの格闘が、文化と知の厚みを作り出し、個人と社会を支える基盤としての教養となった。まさにそのような教養への道案内こそ、岩波新書が創刊以来、追求してきたことである。

岩波新書は、日中戦争下の一九三八年一一月に赤版として創刊された。創刊の辞は、道義の精神に則らない日本の行動を憂慮し、批判的精神と良心的行動の欠如を戒めつつ、現代人の現代的教養を刊行の目的とする、と謳っている。以後、青版、黄版、新赤版と装いを改めながら、合計二五〇〇点余りを世に問うてきた。そして、いままた新赤版が一〇〇〇点を迎えたのを機に、人間の理性と良心への信頼を再確認し、それに裏打ちされた文化を培っていく決意を込めて、新しい装丁のもとに再出発したいと思う。一冊一冊から吹き出す新風が一人でも多くの読者の許に届くこと、そして希望ある時代への想像力を豊かにかき立てることを切に願う。

（二〇〇六年四月）

日本史

読み書きの日本史	八鍬友広
日本中世の民衆世界	三枝暁子
森と木と建築の日本史	海野　聡
幕末社会	須田　努
江戸の学びと思想家たち	辻本雅史
上杉鷹山　「富国安民」の政治	小関悠一郎
藤原定家『明月記』の世界	村井康彦
性からよむ江戸時代	沢山美果子
景観からよむ日本の歴史	金田章裕
律令国家と隋唐文明	大津　透
伊勢神宮と斎宮	西宮秀紀
百姓一揆	若尾政希
給食の歴史	藤原辰史
大化改新を考える	吉村武彦
江戸東京の明治維新	横山百合子
戦国大名と分国法	清水克行
東大寺のなりたち	森本公誠
武士の日本史	髙橋昌明
五日市憲法	新井勝紘
後醍醐天皇	兵藤裕己
茶と琉球人	武井弘一
近代日本一五〇年	山本義隆
語る歴史、聞く歴史	大門正克
義経伝説と為朝伝説　日本史の北と南	原田信男
出羽三山　山岳信仰の歴史を歩く	岩鼻通明
日本の歴史を旅する	五味文彦
一茶の相続争い	高橋　敏
鏡が語る古代史	岡村秀典
日本の近代とは何であったか	三谷太一郎
戦国と宗教	神田千里
古代出雲を歩く	平野芳英
自由民権運動　〈デモクラシー〉の夢と挫折	松沢裕作
風土記の世界	三浦佑之
京都の歴史を歩く	小林丈広・高木博志・三枝暁子
蘇我氏の古代	吉村武彦
昭和史のかたち◆	保阪正康
「昭和天皇実録」を読む	原　武史
生きて帰ってきた男	小熊英二
遺骨　戦没者三一〇万人の戦後史	栗原俊雄
在日朝鮮人　歴史と現在	水野直樹・文京洙
京都〈千年の都〉の歴史	高橋昌明
唐物の文化史◆	河添房江
小林一茶　時代を詠んだ俳諧師	青木美智男
信長の城	千田嘉博
出雲と大和	村井康彦
女帝の古代日本◆	吉村武彦
コロニアリズムと文化財	荒井信一
特高警察	荻野富士夫
古代国家はいつ成立したか	都出比呂志
渋沢栄一　社会企業家の先駆者	島田昌和

岩波新書より

漆の文化史　四柳嘉章
平家の群像　物語から史実へ　高橋昌明
シベリア抑留　栗原俊雄
アマテラスの誕生　溝口睦子
遣唐使　東野治之
戦艦大和　生還者たちの証言から　栗原俊雄
中世日本の予言書　小峯和明
歴史のなかの天皇◆　吉田孝
沖縄現代史〔新版〕　新崎盛暉
刀狩り◆　藤木久志
戦後史　中村政則
明治デモクラシー　坂野潤治
環境考古学への招待　松井章
源義経　五味文彦
明治維新と西洋文明　田中彰
奈良の寺　奈良文化財研究所編
西園寺公望　岩井忠熊
日本の軍隊　吉田裕

東西／南北考　赤坂憲雄
江戸の見世物　川添裕
日本文化の歴史　尾藤正英
熊野古道◆　小山靖憲
日本の神々　谷川健一
南京事件　笠原十九司
日本社会の歴史　上・中・下　網野善彦
神仏習合　義江彰夫
従軍慰安婦　吉見義明
考古学の散歩道　田中琢　佐原真
武家と天皇　今谷明
中世倭人伝　村井章介
琉球王国　高良倉吉
昭和天皇の終戦史　吉田裕
幻の声　NHK広島8月6日　白井久夫
西郷隆盛　猪飼隆明
平泉　よみがえる中世都市　斉藤利男
象徴天皇制への道　中村政則

正倉院　東野治之
軍国美談と教科書　中内敏夫
日中アヘン戦争　江口圭一
青鞜の時代　堀場清子
江戸名物評判記案内　中野三敏
国防婦人会　藤井忠俊
日本文化史〔第二版〕　家永三郎
平将門の乱　福田豊彦
自由民権　色川大吉
日本中世の民衆像◆　網野善彦
神々の明治維新　安丸良夫
戒厳令　大江志乃夫
漂海民　羽原又吉
真珠湾・リスボン・東京　森島守人
陰謀・暗殺・軍刀　森島守人
東京大空襲　早乙女勝元
兵役を拒否した日本人　稲垣真美
演歌の明治大正史　添田知道
天保の義民　松好貞夫
太平洋海戦史〔改訂版〕◆　高木惣吉

(2023.7)　◆は品切，電子書籍版あり．(N2)

岩波新書より

岩波新書より

鎌倉幕府と朝廷　近藤成一
室町幕府と地方の社会　榎原雅治
分裂から天下統一へ　村井章介

(2023.7)　◆は品切，電子書籍版あり．(N4)

世界史

岩波新書より

ノモンハン戦争 モンゴルと満洲国　田中克彦
中国という世界　竹内実
ウィーン 都市の近代　田口晃
紫禁城　入江曜子
ジャガイモのきた道　山本紀夫
創氏改名　水野直樹
フランス史10講　柴田三千雄
地中海　樺山紘一
多神教と一神教　本村凌二
奇人と異才の中国史　井波律子
ドイツ史10講　坂井榮八郎
ナチ・ドイツと言語　宮田光雄
ニューヨーク◆　亀井俊介
離散するユダヤ人　小岸昭
現代史を学ぶ　溪内謙
アメリカ黒人の歴史〔新版〕　本田創造
文化大革命と現代中国　安藤正士／太田勝洪／辻康吾
フットボールの社会史　F・P・マグーンJr／忍足欣四郎訳

コンスタンティノープル千年　渡辺金一
ペスト大流行　村上陽一郎
ピープス氏の秘められた日記　臼田昭
中世ローマ帝国　渡辺金一
モロッコ　山田吉彦
シベリアに憑かれた人々　加藤九祚
インカ帝国◆　泉靖一
中国の隠者　富士正晴
漢の武帝◆　吉川幸次郎
孔子　貝塚茂樹
中国の歴史 上・中・下◆　貝塚茂樹
インドとイギリス　吉岡昭彦
アリストテレスとアメリカ・インディアン　L・ハンケ／佐々木昭夫訳
フランス革命小史◆　河野健二
魔女狩り　森島恒雄
風土と歴史　飯沼二郎
ヨーロッパとは何か　増田四郎
世界史概観 上・下　H・G・ウェルズ／長谷部文雄／阿部知二訳

歴史の進歩とはなにか◆　市井三郎
歴史とは何か　E・H・カー／清水幾太郎訳
フランス ルネサンス断章　渡辺一夫
チベット　多田等観
奉天三十年 上・下　クリスティー／矢内原忠雄訳
ドイツ戦歿学生の手紙　ヴィットコップ編／高橋健二訳
アラビアのロレンス 改訂版◆　中野好夫

シリーズ 中国の歴史
中華の成立 唐代まで　渡辺信一郎
江南の発展 南宋まで　丸橋充拓
草原の制覇 大モンゴルまで　古松崇志
陸海の交錯 明朝の興亡　檀上寛
「中国」の形成 現代への展望　岡本隆司

シリーズ 中国近現代史
清朝と近代世界 19世紀　吉澤誠一郎

岩波新書より